鈴木文治

人を分けることの不条理

教師・牧師として生きてきた私が考える差別と共生について

明石書店

人を分けることの不条理——教師・牧師として生きてきた私が考える差別と共生について

目次

はじめに

差別と排除そして分断。現在の社会はこれらの言葉に象徴されるものとなって久しく、私たちの身近なものとなっています。差別や排除による分断は社会を引き裂き、人々の心を混迷に陥れ、憎悪と悪意による他者への糾弾が尽きない状況が続いています。一つにまとまることの難しさ、他者を受け入れる度量が余りに小さくなりすぎていると思わざるを得ません。

その最も代表的なものが戦争です。ロシアがはじめたウクライナへの侵攻は、多くの人たちは短期間に決着すると予想していましたが、始まって二年半になります。

戦争とは何か。戦争は敵・味方を二つに分け、敵の枠に入ったものは全滅させるまで戦う対象になります。戦争は兵士と一般市民を区別することはありません。兵士だけを対象にすることはないからです。戦争は敵に属する者と判断され、レッテルを貼られたものを根こそぎ倒していきます。そこでは、寛容や赦し、中立や無関心などは一切無縁な世界に容赦なく自国もそして自身も巻き込まれていく。だからこそ、戦争はこの上なく残酷なものなのです。戦争は究極の排除ですが、そこに至るまでにどれ程の排除や差別があったことでしょう。

戦争とはそのような意味で分断の究極にあるもの、排除の最終形と考えられます。インクルージョン（包みこみ）の対極にあるものこそが戦争です。そして、戦争は悪であることを学んだはずの人間が、何度も同じことをくり返す、詰まるところ、人間は戦争から何も学んでいないのです。戦争という悪は止められない。なぜ、戦争は生まれるのか。それは人はなぜ差別をするのか、なぜ敵を作るのかの回答へと繋がっています。人は差別をする。そして戦争をする。悪であると分かっていることを人はどうして行なうのでしょうか。その根底には何があるのでしょうか。

ウクライナでの戦争の映像に出てくる幼い子どもが荷物を引きずり、泣きながらとぼとぼと歩く姿に、老婦人が涙を拭い、絶望感をそのままに戦争の悲惨さを語るときに、私たちは強く胸が締め付けられます。戦争の被害者の尋常でない苦しみや悲しみに接する度に、私たちは無力感に襲われます。

そして、この状況の真ん中でインクルージョンを語ることにどんな意味があるのかと問われます。しかし、私はだからこそインクルージョンを真正面から考える時期なのだと考えます。

戦争の対極にある平和とは何でしょうか。私には子どもたちが学校生活を普通に楽しむことができることだと思います。私たちたちの未来そのものである子どもたちが、学校の授業や活動を心ゆくまで楽しめる状況にあること、それこそが平和ということです。

インクルージョンは、「包括」「一体化」などと訳されますが、排除しないことを意味する言葉です。端的に言えば、みんな一緒にいて楽しい世界を生きていることです。つまり、身近で起こる差別や排除、いじめや偏見をしっかり見つめ、それらを少なくしていく小さな努力が、やがて戦争という大事件に至る芽を摘むことになります。生活の中の排除を考えることが何より大切なことであると考えます。

私は障害児教育を専門とする教師として生きてきました。障害者に対する差別や排除を日々感じながら教育者として活動してきました。私の教育公務員としての最後の仕事は、新設の特別支援学校の設立でした。この時起こったのは、地域住民による新設校設置反対運動でした。障害者が大挙して地域にやってくる、子どもたちの安全は守られるのか、犯罪は起こらないのか、そして何よりもこの地域の地価は下がらないのか、という様々な不安と危機意識を持った地域の人たちへの対応を迫られました。新設校の記念すべき開校の日、地域住民によって校門の前に大きな車が止められ、通行止めの状態にされました。

それを見た保護者は皆泣きました。これほどの差別や排除がここにはあることを知って。

新設校のある政令指定都市の町づくりの標語は、「共生の町」「人権の町」でした。その標語を横目で睨めながら、「嘘だ！　嘘だ！」と私は叫んでいました。障害者を差別し排除する町が、どうして共生の町、人権の町なのでしょうか。

私は新設校を立ち上げる際に起こった差別に対して、どう戦うかを考えました。持てる武器は「インクルージョン」の理念です。西洋の福祉哲学から生まれたインクルージョンの理念の展開を、この地ではじめようと思いました。「差別や排除しない地域に」。これが学校教育目標の最初に掲げられました。子どもたちをどう教育するかより、地域の人たちをどう変えるかを優先する学校にすると決めたのです。その具体的な展開が本書の中に記されています。

また私は川崎市南部にある小さなキリスト教会の伝道師・牧師を務めてきました。桜本教会と言いますが、今日では「ホームレスの教会」として知られるようになりました。三〇年間、木曜日と日曜日の週二回の食事や衣類の提供、相談の受理等に関わってきました。その中でも地域住民による差別や排除が起こりました。「ホームレスがくると町が汚れる」「犯罪が起こる」「子どもたちや女性が安心できない地域になる」と。町内会から教会の支援活動を中止する依頼が届いたこともあります。教会の玄関先に鳥の死骸やごみがばらまかれるなどの露骨な嫌がらせがありました。革新系の市会議員が町内会の意志をくみ取り、ホームレス支援を続けるなら、教会が移転して欲しいとの要望を伝えに来たこともあります。私は思わず、あなたはどちらの味方なのかと叫びました。裕福な町内会員か、飢えて貧しいホームレスか。結局選挙の票にならない人々には政治家の関心が向かないのです。

その後、教会は地域を変える取組に着手します。

そして教会の置かれた地域は、在日朝鮮人の多住地区でした。ヘイトスピーチを目の当たりにすることも多く、地域の小学校の校長から、ヘイトスピーチが子どもたちにどんな悪影響を与えるかを懸念する声を聞いてきました。

このように私自身が差別事象に直接・間接に関わってきた者として、本書では差別・排除問題を語ります。中心は障害者への差別・排除ですが、様々な問題にも触れています。

最後に私はここで二人の高齢女性について語っておきたいことがあります。ある意味で二人は日本社会の分断の中心にいる人たちです。

一人は特別支援学校の新設についての説明会に出席した高齢女性です。私は新設校の校長として、障害者を受け入れない地域の人々に対して、何十回も新設校の説明をして、受け入れをお願いしてきました。もちろん、中心にあるのはインクルーシブな地域社会をつくることです。私はインクルージョンの哲学に出会い、「すべての人は障害者」という考えに至り、それを分かりやすく話してきました。人間は健常者と障害者に二分することはできない。障害と言おうが、ある種の欠けと呼ぼうが、人はみな障害を持っている。「常に健やかなる人」などどこにもいない、人は年齢を重ねていけば高齢者ではなく障害者になる、それは持っていたものが明らかになることだと話してきました。説明会後、その女性は、「この地域に障害児が多く集まることに不安を抱いていたが、今日の説明を聞いてよく分かった。「人はすべて障害者」の言葉を理解した。もうあの人たちを特別な人とは思わない。自分たちの仲間だと思って仲良くしていきたい」と感想をくれました。

もう一人の高齢女性は、その後私が勤めた大学院の「インクルージョン」の授業を取った人の友人です。彼女は「津久井やまゆり園事件」の一報聞いたとき、飛び上がって喜んだといいます。障害者不要論を唱え、「障害者は社会に役立たないどころか、税金を無駄にしている、こういう人が出てきて欲しかった」と喜んだそうです。

同じ地域に住んで、なぜこんなにも違いが出てくるのでしょうか。それは地域の問題ではなく、同じ人間でありながら、この極端な考え方の相違は一体どこから生じてくるのでしょうか。分断と排除の社会の姿を示していると思わずにはいられません。

本書は、そのような差別や排除についての様々な事例や私論を述べますが、是非一緒に考えて頂ければ幸いと思います。

1章　人を分けることの不条理

1　狂気と正気の間

長く生きてくると懐かしい友との再会が起こる。ずっと連絡が途絶え、やがてどうしているかとの心配も心から消えて、今目の前の現実だけに心を配る毎日が続く。そんなある日、旧友からの手紙が舞い込んだ。懐かしさと再会の嬉しさが重なる。再び連絡が取れたのは、どこかで繋がっていたからなのだ。孫の運動会を見に行って、その場で起こったことが何十年の前の運動会の中で自分が経験したことと重なる。その映像がその場にいた人を思い起こさせ、途切れた住所録が動き出す。

小学校、中学校、高校、大学とそれぞれの時期に、切磋琢磨しながら競争し、また協力し合い、激論を重ねることも反発し合ったこともあり、それらを共有しながら一時期を一緒に過ごしてきた友人たち。それは確実に大人になる階段を、社会人になる儀式を積み重ねて一歩一歩上っていく過程であった。彼らはそんな過程を一緒に踏みしめた旧友たちであり、それは何より同じ時間と場所を生きた仲間たちであった。

無論、悲しい便りもある。七〇を過ぎれば、親しかった友人が天に召された通知も届く。訃報に接して、その当時友とどんなことをしてきたのか、どんなことを語り合っていたのか、何が共通の関心事であったのかを思い起こさせる。

私の大学時代の友人に卒業して銀行に勤め、やがて頭取のなった人物がいる。彼とは大学の同期であり、全共闘時代に友人となった。大学入学後に全学ストライキになった大学では、一、二年の前半が休校となり、自宅にこもる日が続いた。現在のコロナ禍の大学生とよく似ている。私も彼もノンポリであり、学生運動とは無縁であった。私たちはこれから先どう生きるか、自分とは何かを考える日々が続いた。私も彼も哲学書をよく読んでいた。

私は彼の訃報を聞いた日に、当時よく読んでいた哲学や宗教の本を書棚から引っ張り出して再読した。その度に交わした会話がよみがえってくる。彼はキルケゴールを愛読していた。「主体性こそ真理である」と語りながら、人間に主体性などあるのかと自問していた。どうしたら社会に流されないで個を保つことができるのかと問うていたのだ。私はロシアの宗教哲学者ベルジャーエフを耽読《たんどく》して、彼の「神義論」に圧倒されたことを覚えている。後に神学校の卒業論文では、ベルジャーエフとバルトの神義論を取り上げ、宗教哲学と神学の違いを論述した。それはバルト神学によって、哲学的思惟を乗り越えようとする私なりの決意表明でもあったが、それほど強い影響を受けたのだ。いずれにせよ、二〇歳前後の若き求道者だった頃の話である。

大学卒業後彼は銀行に、私は石油会社に就職した。彼は退職したらキルケゴールの研究をしたいと、銀行勤めにその著書を持ち歩いた。私も同様に石油会社に勤めながら、ベルジャーエフやティリッヒを読み漁っていた。

やがて彼は人事担当になり、営業不振によって人員整理するためリストラ対応の業務に就いた。退職を言い渡すときに、相手の家族のことを考えると、本当にきつい仕事で本音を言えばこの職務から離れたいと漏らしていた。哲学を心の糧にする人間が業績を伸ばすことが第一である企業論理に服することは、そう容易いことではない。やがて彼は銀行の頭取になった。不思議な感じがしたが、時代が彼の誠実さを求めたのであろう。だが頭取になった数年後に、彼とは無関係なところで起こった銀行の不祥事が発覚して責任を取って頭取を辞した。前頭取時代の不祥事であったが、国会の証人喚問の席で厳しく追及される姿に心が痛んだ。私は葉書を送った。短く、「死ぬな」とだけ書いて。元頭取という名誉職で終わるはずだったが、銀行を潰した人物として不名誉な烙印を押され、退職後は悠々自適というわけにはいかなかった。鬱憤や悔しさもあったことだろう。無理を重ねてきたこともあってか、体調悪化で発病し、重症化して亡くなった。しかし、キルケゴールの哲学に憧れ、婚約者とも別れて生涯独身で思索と著作に貫いた実存主義哲学者の言葉を心に持ち続けた友人は、それはそれで筋の通った人生を生きたと言うべきではないか。人生の糧を与えた哲学者に出会え、生きる意味をそこに見い出したのだから。稀に見る哲人頭取であった。

一方、私は哲学や神学から離れがたくなり、教会に通い、牧師になる決心をして、石油会社を三年で辞し神学校に進んだ。元々企業での仕事に向いてはいなかったのだ。やがて教師と牧師の免許状を取得した私は、川崎市の中学校の教師となり、同時に教会の伝道師となった。

彼の訃報に接した頃、懐かしい名前の本が書店に並んだ。R・D・レインである。五〇年ほど前に読んでいたイギリスの精神医学者である。書名は『R・D・レインと反精神医学の道』（二〇二〇）とある。なぜ私がレインの本を読んだのか、彼のことを本書で語るのにどんな意味があるのか。それはこの本の内容に深く関わっているからだ。

私は五〇年前の私は全共闘世代と言われる一時期を大学生として過ごしていた。元々司法試験を受けて弁護士になる希望を持って大学に入学したが、全共闘運動による大学の休校によって進むべき道が変えられていった。病弱であった私は、長くは生きられないという思いから、生きることの意味、人間とは何かの問いの中、多くの哲学や宗教関係の本を読むようになった。当時は実存主義哲学の全盛期であり、書店にはその関係の本が多く並んだ。第二次大戦から二〇年経った世界は、アメリカとソ連の冷戦時代で、いつ第三次世界大戦が起こるかという危機感が漂っていた。人生には不安がつきまとい、何が善で何が悪かも理解できない、そのような時代の危機として生まれてきたのが、実存主義であった。私はたくさんの本を読み、多くのことを学んだ。その学びを提供してくれた一人が、R・D・レインである。

レインは一九二七年イギリスのラグスゴーに生まれた。彼は長じて精神分析医となった。彼は二八歳の時に第一作引き裂かれた『狂気の現象学』を上梓した。当時の精神医学界は実証主義的な立場を取っていて、この本の実存主義的分析に異を唱える人が多かったという。今回手に取った本には、「レインはこのまま忘れ去られてゆくだけの存在か」と帯に記されているが、この本の解説者は、本書は一風変わった人たちには受けたとある。それは精神医学の学者たちではなく、哲学や社会変革に関心のある人たちという意味であろう。私もその一員に含まれるのであろうか。

私は実存主義哲学を読み漁っていたことから、ニーチェ、キルケゴール、サルトル、ヤスパース、ティリッヒなどの著書に触れていたため、レインの第一作をすぐに購入した。もとより精神医学についての知識や関心は全くなかったが、人間とは何かの問いの一点から理解しようとした。彼の第一作に出てくる「存在論的安定」が、正気の人間の在り方として人間存在の本質だと語る。レインは正気そして狂気とは何かを実存の観点から考察した。

正気とは「自分の存在をリアルで、生き生きとして全体的なものとして体験している人、つまり普通の状態では、自分のアイデンティティと自立性が全く問題とならないほどに明瞭に世界の残余から差異化されたものとして、自己を体験している人である」という。

逆に、存在論的不安定な状態にあるのが狂気の人たちであり、彼らは自分を他者と分離した身体化された人間として体験しないという。そしてこの状態はいつでも立場を変えうるという。つまり、正気と狂気とは決して二分化できるようなものではない。正気の人と狂気を抱えた人は逆転しうるのだ。狂気の人を頭から病人と決めつけないで、自分と同じ一人の人間として平等に扱うことが大切だと説く。統合失調症に罹患する人などおらず、統合失調症である人がいる。統合失調症とは、存在様式の一つ、すなわち世界の経験様式の一つなのだという。

レインの精神障害の見方は明白である。どんな人も病人側に行くけれど、どんな人もこちら側に戻ることができる。

レインは実存主義的・現象学的解釈を精神医学界に持ち込み、従来の精神病の理解を超えた。それ故レインは「反精神医学」の医師と呼ばれ、従来の精神医学を根底から打ち破った人物と見なされている。精神科の医師でありながら、患者への投薬をやめ、閉鎖病棟の鉄扉を開放するという大胆な実験を断行した医師である。

レインの著書に『レインわが半生――精神医学への道』がある。この本の中で、この実験の結果がこのように書かれている。

「閉鎖病棟で投薬をゼロにしたところ、一週間の内に窓ガラスが三〇枚も割られてしまった。怪我をした者はいなかった。その病棟を開放してみたら、窓ガラスが割られなくなった。先を争って脱走しようとする動きもなくなった。いつでも出られるとなると、ほとんど誰も出たがらなかったのである。」（二七四頁）

「病人であるなしに関係なく、誰からも強制を受けずに、自分の好む期間だけそこに住んで、様々な行事に参加することが誰にもできるという施設を六年間運営した。この施設の特徴は、誰もが精神科医ではなく、患者でもなく、誰が狂った人で誰が常人であるかの区別を全くつけないところにあった」

この考え方は、今日で言うところの「インクルージョン」である。脱施設化や人を病人や障害者と決めつけない社会のあり方である。

現在の精神医学界では、第二章で述べるように、アメリカ精神医学界のＤＳＭの基準に照らし合わせて、どのような精神病なのか発達障害なのか特定する。レインはこのような時代には、狂った人がむしろ正常であり、正常者こそ異常であると言い、両者の入れ替わり、その連続性や差異の無さを強調した。

私は、障害と健常との連続性や差異の無さを認め合うこと、何よりも自分の中の「障害性」を認めることが、そして障害者や健常者の言葉をなくすことがインクルーシブな社会への一歩と考えて、「人はすべて障害者である」と語ってきた。

さて、私がレインを古くからの愛読者として紹介したのには理由がある。本著は、私たちが社会から「あっち側」へと追いやる人々、すなわち差別や排除の対象としている人たちと私たち自身がどれほどの違いがあるのか、「こっち側」にいると思っている私たちと「あっち側」の人々の間には、決定的なものがあるのか。そもそも、「あっち側」と「こっち側」間に明確に境界線を引くことができるのか、という問いにはっきりとした解答を与えてくれるからである。

もう一点は、レインは晩年は悲惨なものだったことである。だからこのまま忘れられていく存在なのかと彼の業績の大きさが改めて注目されるのだ。精神医学界の先覚者として成功し、若くして名声を得て多くの人を魅了してきた人物が、晩年酒に溺れ見る影もなく落ちぶれた格好をしている様子を見た人が彼にこう言ったという。「あなたは昔、R・D・レインだったのよね?」と。レインの本を読む度に、また晩年の彼にかけられた言葉を思うときに、私自身がこれで良いのか、私の夢は潰えたのかと問われている思いがする。インクルージョンの洗礼を受けた私がもう立ち止まってしまって良いのかと。

2 分けることの意味

二〇二〇東京オリンピック・パラリンピックが終了した。コロナ感染が日本中に吹き荒れ、開催を疑問視する意見がたくさんあったが、日本政府は強引に実現した。開催地東京で緊急事態宣言がでる中での開催であった。

大会が始まる前から様々なトラブルが起こった。オリンピック・パラリンピックの意義である「多様性と調和」の理念とは、日本がほど遠い国であることが露呈された。大会組織委員長の女性蔑視発言による男性優位社会が浮き彫りになり、過去にナチスのユダヤ人虐殺を揶揄するコントを作っていた劇作家、障害者をいじめた経験を雑誌に面白おかしく語っていた音楽家が開会式の演出担当に選出されていたことも明らかになった。

こうした事実を突きつけられた私たちはどう考えるべきなのか。私は、日本は人権の尊重の精神が希薄な社会というよりは、そもそも日本社会は、人権意識を本気で考えてこなかったのではないかと思った。そのことは、オリンピックやパラリンピックを開催する資格など元々ない、とも。

それは二〇二〇東京五輪・パラリンピックに限ったことではない。根本的に他者を尊重し、苦しむ人々を思いやり、支え合うことができない国民がどうして多様性や共生を謳う行事を実行することができるのか。さらに言えば、人間には他者への差別や排除そして偏見を本質的に好むという負の感情が生まれついて持っているのではないか。基本的に人は自分のことしか考えず、自分より劣っていると見る人を蔑む思いが備わって生まれてきて、さらに社会経験の中でそれが深化していくのではないか。このことは日本人だけに限られることではないが、人間の本質を知らされるように思える。

私は、人は天使にもなるが悪魔にもなる、その両面を持つ者だと学生たちに語ってきた。苦しむ人々をまるでキリストのようにわが身に負って生きる人もいる。その一方で、どうしてこんなことができるのかと信じがたい悪意のある行為をする人もいる。しかし、長く生きてきた私の目には、人の持つ悪意が、人の内にある善を覆って悪人のはびこる世界になっているように見える。端的に言えば人は誰彼を問わず悪意のある者であり、その具体的な現れが差別に鈍感な者、否、日常的に差別を表すものと行なう者になっているということではないのか。

子どもたちの虐待の救い難い数字と実態、学校のいじめの増加、大人社会のうつ病罹患者数、そして自殺者の数。苦しみ悩む子どもたち、そして大人たちの存在を捉えたとき、他者を労り、共に生きることを放棄している自分がいることが浮き彫りになる。価値観の多様化と言いながら、結局は損得勘定、お金が儲かるかが唯一の価値観になっているのではないか。損得で物事を考える人間には、他者の痛みや困窮には鈍感なのだ。鈍感さは他者への共感を奪い、目の前で苦しむ者を視界から遠ざける。それが差別や無関心を生んでいる。

日本の政治家の劣悪化を嘆く前に、私たちがあの道徳心や倫理観を失った政治家を選ぶのは、自分たちが彼らと同質だからではないのか。嘘偽り、ごまかし、私利私欲に走り、人への迷惑を考えない人間たち。それは他人のことではなく自分の胸に手を置けば、よく分かる。私たち日本国民が自らの内にある悪意、そして差別に気づき自覚しない限り、このような政治がこれからも生まれ、差別をする社会が続くことになる。

人権意識の欠けた政治

二〇二一年六月一三日イギリスで開かれていた七カ国首脳会議（G７）が終了した。この会議で世界的に流行しているコロナへの対応と共に、ウィグル新疆自治区や香港における中国の人権問題に触れて、民主主義国家が世界のために立ち上がる責任があるとバイデン大統領は語った。そこでは民主主義、人権尊重、言論の自由という民主主義国家の掲げる基本的な理念が強調され、武力で国家体制を維持・拡大する専制主義国家を批判するという点が強調された。

しかし、中国・ロシアに限らず、自由や人権を制限する強権政治は、世界各地で増えている。そして、それは敵を定めて攻撃するという手法が行われる。だからこそ、改めて問う必要があるのは、日本を含めた西側諸国が本当に民主主義や人権の尊重、言論の自由を守っているのかということである。

黒人差別の点で未だに混迷を極めるアメリカが、人権や自由の国と誰が思うだろうか。黒人の奴隷解放からこれだけの年月が経過しても、キング牧師のワシントン行進から何十年が経過しても、黒人差別は一向になくならないどころか、さらに激しさを増している。アメリカの格差による社会分断は、トランプ政権時からもはや歩み寄りの余地のないほどに進行している。民社主義とは何か、人権尊重とは何かを政治的利害に関係なく真に問われなければならない。

日本も民主主義、人権の尊重、言論の自由等の基本的理念によって国家が成り立っていると考える人はどれ位いるのだろうか。他国の在り方を批判できるような国なのだろうか。

二〇二一年六月二七日朝日新聞の令和落首考には次のような川柳が載った。

中国もロシアも嗤う民主主義

中国やロシアの専制主義を西側諸国は批判できない。自国民の中に差別や分断を引き起こし、改善の政策もままならない人権意識の劣化した国が、他国の人権にくちばしを入れる資格はない。

日本の人権尊重は語るも地に堕ちた状況である。愛知県で起きた外国人収容施設での放置死事件、これは体調不良を訴えるスリランカ女性を医師の診察を拒否してその結果亡くなった事件であるが、これこそ国家による獄死事件、殺人事件と言わずして何というのか。日本は本当に法治国家なのだろうか。そして日常的に知らされる障害者や貧困者への心ない対応、在日外国人への差別事象などなど。日本が国家として寄って立つ基本理念が欧米のそれであるならば、日本社会は決して民主主義の国ではなく、人権の尊重も言論の自由も確立された国ではない。私たちが思い描く国とは全く異なる野蛮で悪意に満ちた国となっている。

ある人が差別を間違っていると考えるよりも、差別が好きで、人の不幸も大好きなのが人間の本質ではないのかと語った。ネットで炎上する事柄は、他者を徹底して叩く姿を映し出す。自分は正義の高みに立って、他者の失敗や行動をこれ見よがしに笑いものにし、馬鹿にする。共生社会とはほど遠い社会となっている。

一緒に生きる「共生」には許しが前提にある。人のミスを誤解を異なる意見を許しがたいこととして叩き合うのでは、共生は実現しない。

ノルウェーの犯罪学者ニルス・クリスティは、共生社会の実現の前提として、「和解」をあげる。元に戻すという意味の「restore」という言葉には古代スカンジナビアの言葉では、倒れた木の株をもう一度立たせること、または家を再建するという意味がある。これらの行為は「刑法を否定」する。つまり犯罪を犯した者には、刑法によって非難と恥辱が与えられるからだ。それを回復させるためには、和解、そしてそのその前提となる「許し」が必要になる。

戦火にまみれたバルカン半島での国々では、戦争犯罪への真実解明が進んでいる。アルバニアの首都ティラナで開かれた会議のテーマは、「血による復讐をいかにして終わらせるか」であった。多くの人々が「不可能だ」と叫んだ。その時、白髪の大男が立ち上がって言った。「私は何年間も投獄されていました。しかし、今ではすべてが終わりました。私はどんな憎しみも感じていません。アルバニアは憎しみにこだわる変わり者の民族ではありません」と。討論はすぐに終わった。イタリア占領軍に抵抗したゲリラ軍の元司令官の言葉によって（クリスティ、二〇〇六、一四〇頁）。

犯罪者を地域社会に再び連れ戻し、元のように一緒に暮らすためには許しが必要となる。そもそも犯罪者も同じ地域住民だということを、全員が認めるのでなければ犯罪者は地域に戻っては来られない。共生社会の実現には「許し」が前提にある。地域から出た犯罪者をいつまでも根に持ったり、許すことがなければ、犯罪者は地域に戻れないし、犯罪者を地域の外側に（あっち側に）放り込み、こっち側の人間だけで暮らすことになる。それは決して元に戻さない排除になる。そうであってはならない。これが共生なのだ。クリスティはこう結ぶ（同、一四七頁）。

最小限度の優しさと世話を受けなければ、人間は決して成長できない。
親切であれ
殺すな
拷問を用いるな
意図的に苦しみを与えるな
許しは懲罰を超える

許し合うことのなくなった社会は、差別と他者への攻撃に満ちた非寛容が突出したものとなって現われる。それが今の世界のまた日本の姿である。共に生きることの前提に、他者への許しがある。これが今の世界に決定的に欠けたものとなっている。

さらに、二〇二一年八月末にアフガン撤退を掲げたアメリカは、自国民だけを本国に退避させ、何百人ものアメリカの協力者を置き去りにした。イギリスのアフガニスタン駐在大使は、彼らの殺害を阻止するために、通訳などの現地の協力者に出国ビザを発給し続けた。それでも多くの協力者を残してきた。

一方、日本では、アメリカ同様に自国民を最優先にして、協力者を見捨てることが起こった。現地に取り残された人々は虐殺の運命が待っているかも知れない。現地の協力者を残したという事実を淡々と語る日本の外務大臣には、殺される人々の苦しみが念頭にあるとは思えない。置き去りにされた人々はこのような無責任の政治家たちによって見殺しにされる可能性があるのだ。どうしてとんでもないことをして申し訳ないと謝る心情がないのか。所詮は人ごと、責任を取る者の意識はなく、関わる人々の上に降りかかる悲惨な運命など知ったことかと報告の業務をこなす人間に徹している。感情をむき出して国民に訴えるドイツのメリケル首相とは比較にならない。彼女には熱いパッションが伝わる。その正反対なのが日本の政治家なのだ。日本には、ユダヤ人虐殺を救うためにビザを発行し続けた杉原千畝の例がある。杉原の行為を学ばない政治家など本当に必要なのか。

アフガニスタンにタリバン政権が返り咲いた。かつて九・一一のテロ事件への報復として始まったアメリカの戦争が終わった。この戦争は何を生み出したのか。そして何を失ったのか。ベトナムでもアフガニスタンでもアメリカは愚かな戦争を仕掛ける。人命を含め多くのものを失った大国アメリカは、世界平和のための正義の騎士ではなくなった。人権尊重でも、公平さでも自由でも法の支配でも、アメリカが考える基本的理念は地に堕ちた。

かつて中東は西洋の植民地にされ、資源を奪われ自由を失い、西洋の列強の言いなりになった。国境線を見ただけで、西洋の植民地支配の残酷さを知らされる。民族も宗教も言語も奪い、西洋の好き放題にされた。そして現在、そこから逃げ出した難民の入国を拒否し続けている。誰が今日の混乱の状況を作ったのか。誰がこの責任を取るべきなのか。答えは明白である。好き勝手に世界地図を作った国家が崩壊する。その原因の元である国が難民を受け入れ、手厚く保護すべきなのだ。他国の犠牲の上に繁栄を築いた欧米諸国の国民に心があるなら、今こそ救いの手を差し伸べるべきである。

タリバンやISがテロを引き起こし、その行為をアメリカや西洋諸国は非難をする。だが、彼らにどれだけの苦しみを与えたのかを考えれば本当は非難などできないと言うべきではないのか。クリスチャンであり教会の牧師である私が残虐で無法で無差別のテロを行なうタリバンやISに同情心や親近感を持つことは自身の信教と矛盾していない。西側やアメリカ、そしてキリスト教の側だけで世界を見るのは間違いである。苦しむ人々の側に立つ視点こそ私に求められている。

時折しも、二〇二〇東京パラリンピックの閉会式が行なわれた。ハンディがあってもものともせずに素晴らしい演技を見せた人々に、心底感動させられた。彼らの演技を見る度に突きつけられる言葉がある。「お前は何をしているのか?」「お前は世の中に何を残してきたのか?」と。やり残したことが山ほどある。年老いてすべてをリタイアした今も、まだできることがあったのではないか、まだやるべきことがあるのではないかと、心が引き締められる。

閉会式で歌われた「この素晴らしき世界」が心に染み入ってくる。サッチモ(ルイ・アームストロング）の人間味溢れる「ダミ声」が記憶の彼方からよみがえる。

一九六六年のヒット作である。当時泥沼化したベトナム戦争に対する世界中の嘆きの最中にこの歌が作られた。この平和的な歌の背景には、悲惨な現実に対する批判や反戦の思いが込められている。ベトナム戦争では赤いバラも野の花も踏みにじられて、世界は最悪としか思えない状況であった。その最中に、サッチモは「世界は素晴らしい」と歌い上げた。

まして黒人のサッチモが心を込めて歌うこの曲には、ベトナム戦争で死んだ多くの若者、特に黒人の若者に思いを馳せていることが分かる。激しい黒人差別は戦争においてこそその局面が現われる。多くの黒人の若者が戦争の犠牲となったのだ。当時のアメリカは困窮家庭の若者の多くが除隊後の大学奨学金や生活保障を求めて志願兵となった。戦争忌避者として兵役を逃れたクリントンはやがて大統領になる。だから、黒人にとってアメリカ社会は、昔も今もとても素晴らしい世界ではない。にもかかわらずサッチモは歌う。あのキング牧師のワシントン大行進で「私には夢がある！」と叫んだ演説に呼応するかのように。そう、この歌にはキング牧師の叫びに通じるものがある。サッチモもキング牧師もいつの日か必ず夢は実現する、世界は素晴らしいものになる、と本気で信じた人たちなのだ。失意と苦しみのどん底の中で歌われ語られる言葉。それこそが人々を未来へと向かわせるものになる。その苦しみに悲しみに己の心を添えるのだ。

私は「この素晴らしい世界」の曲を聞いて思い出すことがある。私が特別支援学校の校長をしていた頃、知的障害の高校生たちの授業で、「韓国語講座」を受け持っていた。本来は英語の授業なのだが、私が割り込んで時間をもらった。神奈川県は朝鮮人の多住地区があり、学校の置かれている神奈川県にも多くの朝鮮人が住んでいる。朝鮮人文化、歴史を知ることも多い。そう考えた私は、韓国から「パジチョゴリ」を取り寄せ、木靴を履いて授業を行なった。挨拶や簡単な言葉のやりとりをして、授業の最後に、韓国の民謡「故郷の春」を合唱した。歌詞はこのようなものだ。

私の住んでいた故郷は　花咲く山里
桃の花　あんずの花　小つつじの花
色とりどり　花の御殿の宴会場なった村
その中で遊んでいた頃が懐かしいです

一九二九年に発表された児童文学家、李元壽《イウォンス》による作詞である。日本の植民地時代の歌であり、現在も南北ともに愛され歌われている。日本の統治下にあった朝鮮半島の人々は、自身の名前も自国の言葉も奪われ、軍国主義日本の弾圧下にあった。他国による侵略によってすべてが奪われたその苦しみ、悲しみのどん底で作られた歌である。一見のどかで平和な村の様子が描かれている。しかし、その背景には、日本に対する憎しみ、敵意が渦巻いている。どうしてこんなにのどかな歌が生まれたのだろうか。悲しみのどん底に希望の光が見えている。時代は必ず変わっていく。そうした先にあるものを見ているからだ。

私は生徒たちに歌の背景には、名前も言葉も奪われた人々の悲しみが込められていることを話した。その状況を引き起こした日本人の罪についても語った。他国を踏みにじり、その国の人々を弾圧し、生き方を奪った私たち日本人の愚かさも伝えた。

高等部の生徒に教えた歌を、卒業式後の「卒業を祝う会」でみんなで合唱した。卒業してから辛いこと、悲しいことが次々に起こるだろう。でも、「故郷の春」を歌って乗り越えて欲しい。朝鮮の人々もこの歌で乗り越えたのだ。定年退職で最後となる卒業式は教師である私の卒業式とも重なった。この歌は私自身のこれから人生を乗り越えると心に誓うものとなった。

「故郷の春」は、私が五〇年いた川崎の桜本教会でも歌い続けた。「韓国語講座」は教会でも月一回行われ、最後にこの歌で締めたものである。それは、年二回行なわれたカラオケ大会の最後にもみんなの合唱曲として歌われた。桜本教会には、多くの路上生活者、障害のある人々、外国人が集まってくる。教会のお楽しみ会としてみんなが参加する。会費の払えない人たちも多い。以前は年一回のサマーキャンプに出かけて、一泊の小旅行であったが、年々参加する路上生活者が増えて会計上困難となり、カラオケ大会に変更した。障害のある人たちや路上生活者、そして外国人が、教会の仲間であることをお互いが知り合って楽しむ親睦会になっていった。その場では、障害のある人が歌うと大きな声援が飛ぶ。歌詞が上手く歌えなくても、音階がずれても手拍子や声援で乗っていかせる雰囲気がある。みんなが一体となり、日頃の悲しみや苦しみを忘れる一時である。

「故郷の春」によって路上生活者は過去に捨ててきた故郷を思い出すのであろうか。親を亡くし兄弟とも疎遠になっている障害のある人は、幼い頃の家族を思い起こすのか。そして遠い異国から日本に着いた外国人は、故郷の村や幼少期を思い浮かべて、この歌を歌うのであろうか。「故郷の春」は、さまざま背景を持った人々が集まる桜本教会の歌である。

何よりも、桜本教会がこの歌を大切にしてきた理由は、桜本が在日朝鮮人の多住地区であり、そこで暮らしている人々との関わりを持つためである。桜本教会に通いはじめた二〇代の初めに、韓国教会（在日キリスト教川崎教会）の人々との交流会があった。その席で在日一世の方から、戦時中のことを多く知らされた。初めて知るようなことばかりであった。ある方は途中まで冷静に占領下の朝鮮人の暮らしを語ってきたが、一転語気を強めてこう叫んだ。「おまえ達日本人は私たちに何をしたのか！」と。悲惨な状況に追い詰めた日本の犯した犯罪を指摘されて、私たちは沈黙する以外になかった。それは一部の政治家がどんなに否定しようが、日本の国が犯した犯罪である。その事実を身に負って私たちは生きていくしかない。

この歌は、歌詞も曲も穏やかで心静まる歌である。しかし、その背景にある日本への激しい憎悪を抜きにして歌えるものではない。それは同時に、「おまえ達日本人は！」と指摘された私たちの罪の重さをかみしめる歌なのだ。

桜本教会の教会歌とも言える「故郷の春」は、教会に集う苦しむ人々と共にこれからも歌われ続けるだろう。

3 人は誰でも障害者

さて、二〇二〇パラリンピックが終了した翌日に、神奈川県知事はこう述べた。パラリンピック終了後の知事談話で朝日新聞の記事より引用する。「この大会を通して共生社会が全然実現できていないことが分かった。誰もがその人らしく暮らせる地域社会を目指し、前進させることがわれわれに課せられた宿題だ」と。そして世界人口の一五％は何らかの障害があると訴えた国際パラリンピック委員会のキャンペーンに言及して、「この数字に驚いた人も多いのでは。日常生活でそんなにたくさんの障害者を見ている感じはしない。何を意味するかというと、共生社会は全然実現できていないということだ」と語った。

世界には障害者が一五％もいる。そうであれば町の至る所で見かけるはずなのにほとんど見かけない。それは障害者が隠されているからだ。あるいはいても見えていないだけのことなのだ。もっと社会の中で障害者が普通に暮らせるようにする必要があるが、そもそも、私たち社会の根底に障害者を私たちの生活に入れようとしない思いが、障害者を見えなくさせているのではないのか。人は見たいものしか見ないという言葉は真実である。見たくないという心情をどう変えていくのかが問われている。学校や施設に囲うのではなく、地域が積極的に受け入れていくこと、そして地域の人々が学校や施設で一緒に暮らし合う生活ができることを工夫する必要がある。その先にあるものは、インクルーシブな教育や社会の実現である。インクルージョンの社会には、障害者や健常者という言葉自体がない世界なのだ。

新聞では、オリンピックとパラリンピックが障害者と健常者が「地続き」であるとの記事が載った。地続きとは、健常者も何かのきっかけで障害者になるという意味合いではない。私は自身を健常者と思うのではなく、自身の中には障害やマイノリティ性を抱えていると思っている。

健常者とは健やかなること常なる者の意であるが、そんな人が一体どこにいるのか。そして障害者とは文字通り差し障りがあり、人や社会を害する者の意味であるが、そんな人はどこにいるのか。両者ともにこの世には存在しない。

かつて新設養護学校を立ち上げた私は、地域で四〇回ほど学校説明会を開いた。その席でインクルージョンの説明を繰り返した。人は生まれたときから死ぬときまで、人に助けられて生きている。人の手を借りて生きること、何らかの支援が必要な者を障害者と呼ぶのであれば、人はすべて障害者ではないのか。人は年を重ねると高齢者になる。だが、正確には障害者になるのではないのか。人の助けによって歩き、動き、食事をし、排泄をする。長い人生の中で人の支援を必要としないときがあるのだろうか。自立して生きられるから障害者でないというなら、その自立を支える仕組みにどれだけの人が関わっているのだろうか。一人で生きられるのが障害者ではない理由であれば、人は一人では生きられない。人は同じ人間として一緒に生きるように作られている。だから、障害者を他者化することは間違いなのだ。

私の説明を聞いた地域の人たちの中の高齢の方が、立ち上がってこう言った。「年を取ったら高齢者ではなく障害者になるという話はとてもよく分かった。これから障害者を見かけたら、私と同じ高齢者になった方だと思って、自分と何も変わらない人たちだと思うようにしたい」と。

障害者を怖いと思う人は多い。自分も同じものを身に帯びていることに気づかないと自身とは違う存在だと捉えるを怖いと感じる。しかし、例えば障害のある人に車椅子を押してもらい、道の案内をされれば、障害者への見方は変わるであろう。

「常なる者」との理解が広まっているが、そんな人は一人もいない。それが自分であるという思い上がりが差別社会を作っていく。そしてかつて障害者は「廃人」と呼ばれていた。廃れた人、つまり人ではなくなった者との意である。しかし、私はこの言葉からは障害者ではなく、心を失って自分の利益しか求めない現代の人びとを思い浮かべる。

社会は健常者と障害者に二分して理解するが、元々分けられないものを分けているのだ。人に助けられて生きている者、それが人間である。そのことを忘れてはならない。

大学の講義で発達障害について教える機会がある。発達障害などは自分と無関係だと思っていた学生が、そこに出てくる発達障害の基準に自分が該当することに驚く。だが、発達障害は基本的に人の傾向性についてまとめたものだ。言い換えれば、どこに偏りがあるのか、何が苦手なのかを示すものなのだ。障害があるかないかを区分するものとは説明しない。

私の大学の授業では、いつも最初に自身の障害論の一端として、自分は健常者か障害者かどちらと思うかを問い、なぜそう考えるかを聞く。ある学生は、四肢に不具合がないと言い、ある学生は目にも耳も悪くないと言う。ある学生は何らかの支援を受けることがないと言い、ある学生は知的に普通だから大学生になれたと言う。最初の授業では大多数が自分を健常者と自覚している。だが、一五回目の最終講義で同様の質問をすると、多くの学生は自分も障害者であることを自覚するようになる。そして、障害者、健常者と区別することがそれほど意味のあることではないと知るようになる。それは健常者の自分がいつか事故などによって障害者になるという理解ではなく、今のままで障害者であることに気づく。もちろん、福祉の分野ではこの区分が重要であることは言うまでもない。しかし、障害を考える上で大切なことは自分も障害者の一人であり、マイノリティの一人であると自覚することである。

ある学校で、「ＨＳＣ（過敏症候群）」のチェックリストを手に取った二人の教員が、一つひとつの項目をチェックして、どれも該当しなかったと言い、自分たちにはこの障害はないと安心したという。私はそのことを聞いて、なんと鈍感な教師がいるのかと思った。そのチェックリストに目を通したところ、ほとんどが私自身に該当すると思えた。過敏症候群は人間の敏感さの傾向性について示すものである。該当するからと言って、おかしな子、変な子と見る必要など全くない。本の著者は「人一倍敏感な子は、人一倍優しい子です」と解説する。このような気質や傾向性が基準が示される度に、自分は該当するかしないかを判断して一喜一憂する教師がいることがとても気になる。しかし、「障害」「気質」「傾向性」という言葉の持つ意味はとても重い。障害は排除を前提にしている。あるいは排除の対象になるのではないかと不安になる。ひとたび障害と認定されれば、それが一生に渡って差別や偏見がついて回るからである。だから障害の認定を受けたくないのだ。二人の教師も「自分は障害者ではない」と信じ込んでいるからこそ、該当する項目はなしと思いたいのであろう。だが、障害は誰にでもある。障害の背景にある差別や偏見が嫌だからこそ、障害から目を背ける。世の中に障害者はいない。同時にすべての人は障害者である。

これがインクルージョンの考え方である。

最後に二人の教師に一言。「教師なんだからもっと敏感であってくれよ、頼むよ！」

4　障害者差別

私たちは現在の社会をどのように見たら良いのだろうか。

「現在は排除と非寛容の言葉で括られる時代となっている。至る所で自分の正しさを主張し、異論を唱える立場を切り捨て、立場の違いを認めずに排除する世界となっている。それはどんなに相違があっても相手を理解し受け入れ、決して排除しないというインクルージョン（包みこみ）の理念からあまりにもかけ離れている。」

これは二〇〇六年に拙著『インクルージョンをめざす教育』の中に書いた一節である。当時は、「インクルージョン」という言葉自体がごく一部の専門家の間でしか通用しない言葉であり、この言葉を題名に使用することは難しいと出版社に言われたものだ。しかし、私は、「インクルージョン」の言葉はこれからの社会のあり方を考える上で必須の概念となると主張して、本の題名にすることを許可してもらった。

「インクルージョン」とは何か。その概念は国際的に確固として共通理解されているものではない。それは各国の教育や福祉の考え方や政策、またその歴史的経緯が異なっているからだ。しかし、今日では一般的に理解されていることをまとめれば、次のように理解されている。

インクルージョンとは、様々なニーズのある人々を包みこみ、支え合う社会のあり方を示すものである。民族、言語、宗教、性別、障害、貧富などの理由で排除されることなく、一人ひとりの違いを認め合い、祝福し歓迎する価値観に基づいたものである。

私が取り組んだ「インクルージョンをめざす教育」から一五年が経った。インクルージョンという言葉は、今日では至る所に登場して、教育や福祉の専門家だけに通用するものではなくなった。しかし、未だに、「インクルージョン」が遠い未来の実現不可能な理想だと、そう思わざる得ない現実を私たちは生きている。障害、人種、性別、宗教、貧富等によって排除されない社会は一体どこにあるのか。また、それが実現する可能性はあるのか。

コロナ禍の社会で起こったことは、インクルージョンではなく、「イクスクルージョン」(排除)という正反対の事象ばかりである。これはコロナ感染がこの事態を招いたのではなく、むしろこの非常事態によって元々社会の根底にあったものが焙り出されていると考える。本来人の持っている善意や思いやり、許し合いという人間社会そのものを包みこんで成り立たせるものが失われ、人の持つ悪意や排除、攻撃性があまりにも前面に出ている社会になってきているように思われる。

コロナ禍の社会状況で見られるものは、人の持つ「負の面」のオンパレードのような思いがする。感染は誰にでも起こりうる状況なのに、地域の感染者をあぶり出して村八分状態にしている事例が見られるからだ。大学生が仲間の飲み会で騒いで感染者が出る批判もある。もっと若者の未熟さと許すことはできないのだろうか。一方で、政治家が夜間に外出して飲み歩いたり、行政のトップがワクチン接種の基準を破り、我先にワクチン接種を受けることは、単に公平性に欠けるという問題を超えて、人間の持つ浅ましさを感じてしまう。テレビで国民にコロナ対策を厳しく説教する日本医師会会長が、自民党議員のパーティに参加したというニュースは、これはもはや笑い話としか言えない事柄である。しかも、そのパーティの主役の国会議員も医師であるとなれば、これだけ人の命を何とも思わない人たちがどうして医者であり続けるのかと思う。医師は人命の救助のためにあるものではないのか。

コロナ禍の社会は、人の持つ「悪」の部分を包み隠さず表に出す。隠していても人の持っている「負」の塊が溶けて流れ出し、すべての人の目にさらされる。

コロナ禍にある社会では障害者を初めとして生きる上で様々な困難を抱える人々が　従来に増して生きづらさを感じている。それはコロナ禍の状況はすべての人に生きづらさを与えているからである。マスク着用、ソーシャルディスタンス、会食や夜間外出の自粛、親しい人との日常的な会話、親族との最後の別れも許されないこと、このような状況下に置かれている人々に生活上でも心のあり方にも余裕がなくなってきている。ある意味で戦時下の戒厳令の下の生活が強いられている。7章の「戦争と障害」のところで細かく触れるが、社会全体が余裕を失った状況の中で、もっともしわ寄せが押し寄せるのが障害者を初めとする様々な困難を抱えた人々である。

ある学校でマスクを外す障害児に対して、通常の学級の保護者がマスク着用を強いるように求めた例がある。また、病院でコロナ感染が疑われた障害児が、優先的に診察を受けることに不満を漏らした例や、手洗いの容器の位置が高すぎてもっと低い位置への変更を求めた車椅子の障害者に、こんな時に障害者は入場禁止するべきだと言う人もいる。

平常では寛容さも思いやりも見られる場面が、不自由を強いられることによって、敵対感をむき出しにする人々が現われるのも、余裕の無さによるものだろう。これがコロナ禍よりもっと人々を追い詰める戦時下では、どのようなことになるのであろうか。

さて、障害者差別に焦点を当てて考えてみたい。

二〇〇三年に障害者基本法が策定されたが、その基本方針として、「二一世紀の我が国が目指すべき社会は、障害の有無にかかわらず、国民誰もが相互に人格と個性を尊重し支え合う共生社会とする必要がある」と記されている。このような目標が掲げられたということは、現在でも障害者差別が厳然として残っていることを意味する。

二〇〇九年の「障害を理由とする差別等に関する意識調査」によれば、国民の多くが障害者を含む共生社会への関心が低い結果が出ている。

二〇一七年の障害者に対する差別・偏見に関する調査（障がい者総合研究所）が実施された。この調査の背景には、二〇一六年四月一日に障害者差別解消法が施行され、障害者への差別の禁止や合理的配慮が求められるようになって一年半が経過した。だが、施行後に相模原の津久井やまゆり園で多くの障害者が殺傷される事件が生じた。この事件一つをとっても障害者差別・偏見は

表1-1「障がい者に対する差別・偏見に関する調査」
（株）背ゼネラルパートナーズ障がい者総合研究所（2017）

①日常生活において「差別や偏見を受けた」と感じている人	59%
②差別・偏見を受けたと感じる場所で最も多いのは職場と回答した人	56%
③差別・偏見を受けた場合の相談相手で誰もいないと回答した人	47%
④障害者差別解消法が社会に浸透していないと回答した人	92%
⑤障害者差別解消法の施行後も差別や偏見が改善していないと回答した人	89%
施行後も合理的配慮を受けやすくなったとは思わないと回答した人	84%
相模原事件について関心を持って見ていたという人	86%

社会の根底に巣くっている重要な課題であることが分かる。この調査はそのような状況下で行なわれた。このアンケートは身体障害者、精神障害者、知的障害者を対象にしたものである（表1-1、表1-2）。

以下は調査（アンケート回答数三二六名）の結果である。

⑦自由意見

・［やまゆり園事件の］犯人の間違ったメッセージが垂れ流しのように報道され、それに感化される人が出るのが不安だった。

・加害者のあまりに身勝手な犯罪に激しい憤りを覚え、社会の寛容性がなくなった結果が生んだ悲劇だと思った。

・犯人も社会も「障害者＝社会の役に立たない人」と一括りにされていて憤りを感じた。

・事件は起こさないまでも、障がい者はこの世から消えた方が良いと真剣に思っている人が少なからずいることを知っているので、半ば冷静に見ていた。

・偏見は絶対になくならない。子どもの頃から混じり合う

表1-2「障がい者に対する差別・偏見に関する調査」
(株)背ゼネラルパートナーズ障がい者総合研究所(2017)

あなたは障害のある人もない人も、誰もが社会の一員としてお互いを尊重し、支え合って暮らすことを目指す『共生社会』という考え方を知っていますか	知っている	22.2%
	言葉だけは知っている	41.7%
	知らない	36.1%
あなたは現在、日本の社会には障害のある人に対して、障害を理由とする差別があると思いますか	あると思う	43.2%
	少しはあると思う	48.3%
	ないと思う	3.7%
	わからない	4.8%
あなたは障害を理由とする差別が行われている場合、差別を行っている人の意識についてどう思いますか	意図的に行われている差別が多いと思う	6.0%
	どちらかというと、意図的に行われている差別が多いと思う	22.3%
	どちらかというと、無意識に行われている差別が多いと思う	54.4%
	無意識に行われている差別が多いと思う	10.8%

教育が必要だ。

- 日本では普通や平凡であることが求められる。人は人、自分は自分という人それぞれの価値観を浸透させるべきと思う。
- 障がいの特性や見た目で生理的に受け入れが無理なこともある。そういう人はなくならないと思う。
- 法的に差別や偏見を禁止したところで、心の内面の差別や偏見はなくならない。教育からトータルで変えていくことが必要だと思う。

二〇〇九年の調査結果は障害者や差別への関心が低い状態にあることを示している。共生社会について知らないと答えた人が、全体の三分の一にも達していることや、障害者差別がないと答える人がわずかでもいるということは、障害者への日常的な関心のなさを示しているのではないだろうか。さらに、障害者差別が無意識に行われているとの回答は全体の六五％にも達していることは、障害者の人権の尊重が国民一人ひとりの意識の根底に置かれていないことを示している。

二〇一七年の調査では、障害者差別禁止法が施行されても、その法的効果がほとんど見られないという結果を示している。ましてや施行直後の二〇一六年七月に相模原事件が起こっていることは、法律や制度を設定しても全く役に立たないことは明らかである。

自由記述欄に示されている障害者自身の言葉は、深く胸を打つ。

この二つの調査から導き出されることは、障害者への差別・排除された時代があまりに長く続いたことで、障害者に付きまとう「障害者は怖い」「障害者は何もできない人」「社会の役に立たない人」のイメージが固定されてしまったという指摘である。それは同時に、社会が障害者と関わり合い触れ合う機会が少なかったことを意味している。学校や職場に障害者がいなかったことが、そのような状況を作り上げてきたと言えるのではないか。

「養護学校や福祉施設が障害者をつくる」という見解もある。障害者を学校や施設で囲い込んでしまうために、地域の人々との自然なふれ合いや関わりを奪ったしまったのではないか、という考え方である。これは関係者だけが襟を正して聞く言葉ではなく、国民すべてが、このような「囲い込み」について考えるべきことではないのか。障害者や高齢者などの配慮を必要とする人々を支え合う存在になるためには、人それぞれが自分に問われている課題として受け止める必要がある。インクルーシブ教育は、障害のあるなしにかかわらず共に学び活動する教育問題だが、その目的は差別や排除しない子どもたちを育成することにある。つまり、共生社会を実現する人間を育てることであるが、教育問題のみで共生社会が生まれるわけではない。私たちは教育によって共生社会が果たして実現するのか、教育にそれほどの力があるのかを再考しなければならない。

教育はしばしば時代の大きな波を受けて、まっすぐ進むことが困難な状況に直面する。時の政治によっても強い影響を受け、教育の理想から外れることもある。歴史がそれを証明している。戦争が起これば、教育の理想など片隅に追いやられ、理想を説くことも難しくなる。現在こそ最も危機的な時を迎えているいる。

長い目でその結果を追い求めるべきなのだと思う。それはおそらく自分の人生をはるかに超えて、何百年もかけて実現する課題なのだ。そのために今、種を蒔いているのではないか。

5　「あっち側の人間」

日頃耳にする「あっち側の人」は、本当に「こっち側にいる私」とはそんなに違うものなのだろうか。そもそも「あっち側」と「こっち側」と境界線を引いて区別できるほど人間は明確に分けられるものなのだろうか。境界線を引くこと自体、内側にいる私たちの自己防衛の手段であり、自分たちが彼らより優れていることを誇示したい思いの表れではないのか。

言語学者の田中克彦は言葉による人間の境界線についてこう説明した。人の分類は「あっち」と「こっち」の二つに分けて自分たちの都合の悪いグループに焼き印を押す。その焼き印は一生、時には子孫まで消えることなくついて回る。「ユダヤ人」「在日朝鮮人」はそのような目に遭ってきた人々なのだ。だがこの線引きは二種類ある。一つは全く理解できないもので、これには人は寛容である。理由は敵にならないからである。「あっち側」でも「こっち側」でもない全く別のものだからである。ところが少しでも理解できるものに対しては、小さな差異あっても徹底的に見逃さない。自分たち正統な「こっち側」に、相手を劣った「あっち側」位置づけるのは、同じ序列の中にある「敵」に優劣を付けるためだからである（「田中克彦談」『朝日新聞』二〇二一年一月六日）。言葉による焼き印は、それまでの日常生活を一変させることがある。よく知られる『アンネの日記』には、ナチスのユダヤ人抹殺が叫ばれて、それまでは人種の違いなど意識しなかったオランダ人が密告をしてアンネ一家をアウシュビッツにおくることになる。それまでは普通に市民生活を送っていた人々が、ユダヤ人狩りの言葉によってあっち側とこっち側に分断された。日本でも、関東大震災で朝鮮人が大量虐殺されたのは、「朝鮮人が井戸に毒を入れた」という全くのデマを信じた日本人が起こした犯罪であった。

このように言葉によってそれまでの平和で市民的な関係が一変することが起こる。言葉による境界線は分断や排除の要因となる。

ここでは、ユダヤ人や在日朝鮮人という大きな枠組みにおける差別ではなく、もっと日常的にある小さな枠組みについて考えてみたい。枠の中からはじき出される人とは誰か、そしてどのような基準をもちいて「あっち側」に入れられているのだろうか。

現在の社会ではどんな人たちが、「あっち側」へ追いやられるのだろうか。むしろ、追いやられる基準にはどんなものがあるのか。排除される人たちとは、具体的に言えばこのような人たちである。失業、低いスキル、低所得者、差別を既に受けている人たち、みすぼらしい住宅、犯罪、不健康、家族崩壊などである。今日ではこれに様々な社会的不適応の人たち、例えばゴミ屋敷の住人、夜間に大声を出す迷惑おじさん（おばさん）、人と上手く関係が取れない人、暴走族や違法運転を繰り返す人などが加わる。

これらの人々は他人や社会に迷惑をかけないで自立して生活できる人、つまり自己責任能力の高い人であり、このような人たちが社会の構成員として望ましいという雰囲気が社会全体を覆っている。そしてこの自己責任の基準があちら側とこちら側に分けるものとなっている。

具体的に言えば生活保護の受給者への差別は、自分で自分や自分の家族を守れないダメな人間としての烙印を押されている。かつて中学校の教師として生活保護を受けていた家庭訪問では、保護者が近所の人たちと付き合いがなく、まるで身を隠すように暮らしている様子が見て取れた。生活保護を受給することは恥ずかしいことであるという、社会の暗黙のルールに縛られているのだ。

路上生活者の中に生活保護を受けたくないという人たちは多い。遠くにいる親族に迷惑をかけたくないと思っているためであるが、今日ではその人の兄妹に連絡を取ることをしない自治体も増えてきている。にもかかわらず生活保護の受給を拒否するのは、自分の力で生きることのできないものは社会的落第者のスティグマ（烙印）が押されることへの拒否感である。

要するに、自立して生きる人間こそが社会人に相応しいと考えられていること自体が問われなければならない。何故なら、生まれながらに自立して生きられない人々や、環境の変化によって今までのようには生きられない人々は多くいるからだ。障害者を初め社会の支援を必要とする人たち、難民や貧しい在日外国人のように社会全体で支えるべき人々がいる。国民の地平ではなく一緒に生きている市民の地平で考えなければならない。

彼らを排除の対象にすることは、同じ物差しで自分に戻ってくる。いつ自分がそうなるとも限らない。また、障害者等は身近な存在であり、明日はわが身なのだ。

私は「あっち側」と決めつけている人たちとそんなに違わないものだと感じる場面はたくさんある。現在の社会で「あっち側」追いやられている人たちについて考えてみたい。「あっち側の人」とは、ひょっとしたら自分も含まれるのではないかと思わないのが不思議な感じがする。それは、私自身が「あっち側」の人たちの中で生きてきた経験があるからだろう。「あっち側」に追いやることで、結局社会の中で排除や差別や混乱を引き起こし、民主主義や人権尊重、そして何よりみんなで助け合って生きる暖かな社会を壊すことに繋がってくる。

私は人生の大半を障害のある子どもたちや学校生活に上手く適応できない子どもたちの指導に関わる教師として生きてきた。中学校特別支援学級担任として、また視覚障害のある子どもたちの盲学校や重度の肢体不自由や知的障害の子どものいる養護学校の教師を務めてきた。

中学校の特別支援学級では、様々な障害や不登校や非行、外国籍等のいわゆる「学校生活に適応できにくい生徒」の指導に取り組んできた。学習面だけでなく生活面での上手くやれないことに苦しみ、劣等感を抱える生徒たちが大勢いた。家庭にも様々な課題があり、保護者の障害受容をはじめ、家族間のいざこざなどにも付き合ってきた。私は教師という立場を離れて、家庭ごと支える取り組みをしてきた。否、そうせざるを得ない状況があったからである。当時は「夜回り先生」と呼ばれる教師は至る所にいた。それは教師としての責務と感じていたからに他ならない。私も夜回り先生の一人に数えられた。夜間や休日に家庭訪問することは日常の事柄だったからである。そしてそれが何か良い結果を生むことはあまりなく、徒労感の多い取り組みだった。一一年間の指導で四人の生徒を実修学校（現在の自立支援施設）へ送らざるを得なかったことは、その証明でもある。逆に言えばそれだけ家庭環境に恵まれていない生徒たちが多く在籍していたことになる。その中で知らされたことは、不登校や非行になる子どもたちの背景には、様々な家庭の問題、人間関係の中でそのような状況になるのであり、彼ら自身の責任とは言い切れないということである。現在問題となっている子どもの貧困や親を支えなければならない「ヤングケアラー」の存在は、家庭に深く介入すれば、自ずと見えてくるものだった。

一方で、生徒本人の問題や家庭環境などの課題とは別に、障害の故に差別や排除の対象とされる現実にも立ち会ってきた。障害をからかわれ、馬鹿にされなどのいじめや、仲間はずれされることも多く見てきた。通常の学級の生徒たちに障害の理解を求めることも、特別支援学級担任の職務として対応したことも数えればきりがない。同時に、特別支援学級を馬鹿にする生徒や教師にも多く出会ってきた。その後、私は県立の新設養護学校の初代校長として地域住民に理解を求める取り組みをしたが、最も頭を悩ましたのは、地域住民の反対運動であった。地域に障害者が多く集まることは、安心して暮らせない地域になると心配する人たちが、養護学校設立に反対の声を上げたのである。社会の中には障害のあるという理由で排除の対象と考える人たちが多くいることを身をもって知らされてきた。信じがたいことであるが、その中には教師も多く含まれている。

障害があるとは、普通とは違う人たちというラベリングがなされ、学校でも地域でも特別視され、自分たちとは本質的に違う別の世界で生きる人たちと考えられてきた。それは同時にそのような子どもたちのいる養護学校や特殊学校は、普通ではない特別な学校や学級と見られていることを知らされてきた。普通とは違う特別なものとは何なのか。

私は特別支援学級の担任となった時に、教室の中の生徒に対する差別感や偏見を強く感じると同時に、障害者や特別支援学級が学校の片隅に置かれていることを感じるようになった。それは盲学校や養護学校に移っても、障害のある人たちの学校は普通の学校ではないという差別や偏見がついて回ることを知った。私は障害のある子どもたちの指導に携わりながら、障害児者をはじめ、特別支援学級や養護学校が、そして障害のある子どもたちの教育そのものが、日本では未だに市民権を得られていないと強く思うようになり、いつしかそうでない教育や社会になることを願いながら、様々な取り組みをしてきた。

同時にそれは、障害のある子どもだけではなく、不登校や非行などの「学校や社会になじめない子どもたち」への差別や偏見に満ちた社会であることも知らされてきた。非行に走る子どもたちや人と関わりの不得意なことから起こる不登校、外国籍の貧しい子どもたちの不適応を馬鹿にし笑いものにする周囲の人たちのなんと多いことか。彼らの苦しみや悲しみを知らずに、自分たちとは違う世界で生きている人たちの失敗や不適切な行動を冷たく切り捨てることが、あまりに多く見てきた。小さな支えのシステムや寛容さがあれば、こうにはならなかったというケースはいっぱいある。そしてこの子どもたちの将来にはどんな未来が待ち構えているのかといつも杞憂でいっぱいになる。

今から四〇年前に持ったこの思いは、以前に増して差別や偏見、排除、そして分断の時代の中で一層強く覚えるものとなってきている。

一方で、私はキリスト者として川崎市内の小さな教会の伝道師や牧師として生きてきた。路上生活者、障害のある人々、貧しい外国人など、一人ひとりが様々な困難を抱えて生きている中で、教会に集まってくる。特に、路上生活者支援は三〇年続けてきている。その中で特に最近若い路上生活者の増加を感じている。コロナの影響だろう。若者がコロナ禍の状況で仕事に就くことができずに、教会の支援の群れに加わっている場面もたくさん見てきている。そしてそれを見ている地域の人々の冷たい視線も感じている。路上生活者への差別や排除をコロナ禍でより一層目の当たりにするようになってきた。

路上生活者は、自分であのような道を選んだ人たちと、自己責任の目で見てはいないだろうか。私は彼らと生活を共にする中で、私自身が彼らの側にいてもおかしくないと思う場面が何度もあった。彼らが路上生活者で私には住む家があるということは、ただの偶然でしかないこと、自分の努力の結果なんかではないことを知らされてきた。

私は現在の差別や偏見、排除の背景に何があるのかを探ってみたいと思う。すでに話したとおり、私は教育における差別や偏見、社会の中の排除や分断を身をもって体験してきた者である。具体的に言うなら、現代社会では「貧者」と「富める者」、また「犯罪者」と「虞犯者」そして「異常者」と「正常者」「障害者」と「健常者」の違いなど、私たちが考えるほどの隔たりはないのだ。ではなぜ、この両者を二分化し、枠の中に押し込んで排除しなければならないのか。それが問われている。差別や排除の根底に何があるのかを考えてみたい。

私は齢七五となった。抱き続けたインクルージョンの理念、そしてインクルーシブ社会への夢についてもう一度強く持ちたいと考えている。

「インクルージョン」の理念は確実に社会の中に、そして世界に浸透しつつあるのか、その逆なのか。実際には排除と分断が進む社会にあって、分け隔てのない、包みこむ社会・教育が求められる時代など、夢の夢としか思われないことが起こっている。しかし、私は夢を持ち続けている。差別や排除のない社会を、少なくともこんな差別や排除は間違っているとみんなが言える社会をどうしたら作ることができるのか。

本書はそのような思いで書いたものである。今の社会はこれからどうなってしまうのかと強い危機感を感じている。文章の隅々に、持って行きようのない怒りが表れている。友人は、「お前の本は怒りに満ちている。」と言う。怒りなしには語れないような体験をしてきたからであろう。

二〇世紀は戦争の時代であった。それを経験した人類は、二一世紀こそ戦争のない時代にしようと決心して、様々な取組を行ってきた。民主主義、基本的人権の尊重、公平や平等の視点からの社会改革、社会の構成員のみならず国際社会における人権や貧困に関わる貢献活動、そして教育では平和教育がある。戦争の悲惨さを子どもたちに伝え、平和の大切さを考える教育を行ってきた。その取組はどのような結果をもたらしたのか。

この原稿を書いている最中に起こったロシアによるウクライナ侵攻は、紛れもない戦争である。戦争は敵・味方を明確に二分して、敵を倒すまで戦うものである。戦争は即ち、究極の「排除（イクスクルージョン）」である。今こそ、敵・味方、あっち側とこっち側に分けない社会をつくらなければならない。

危機にある現在にこそ、シンクルージブ社会の実現が求められている時代はない。

2章　診断とは差別の構造化

教育現場で見られる混乱の一つに、医学的診断と教育的配慮の整合性である。教員は医師からの診断を直接あるいは保護者を通して受け取れば、一応その診断を尊重する。一応というのは、場合によっては診断に基づく指導よりも、もっと教育的配慮や他者との協働を優先することもあるからだ。学校は病院ではない。教育が優先する世界である。

現在は発達障害の診断が比較的容易に取りやすい。少し他の児童生徒と違っている印象があれば、保護者も心配になって病院や児童相談所、教育センターなどに受診に行く。通常学級の担任が、「変わっている子」や「普通と違う子」の印象を持てば、保護者を呼んで受診を勧める。その結果、一端診断名が付いた子は、その後の長い人生を障害者として生きることになる。

診断とは何だろう。診断はその人を守るためにあるものではないのか。だが、診断はその人を周囲から追い出す「来なくて良いのレッテル」ともなり得る。

人は様々な違いで人にレッテルを貼る。貼られた人はその集団から排除される。わずかな違いを、さも鬼の首のようにして、特定の枠に押し込む。一度枠の中に押し込められた人は再び枠の外に出ることはない。発達障害のレッテルは、差別や排除を生むものである。

私はテレビや雑誌の中で、精神科医や脳学者が何か事件を起こした人の背景にあるものを探り、それがその人の奥に棲み着いている障害や発達障害と関係しているのではないかという評論を時々見かける。非常に不愉快である。人を些細な点で分け、特定の枠の中に押し込めて理解させるということが、どれ程分断、差別、排除、偏見をつくり出してきたかに気付かない。「男はつらいよ」の「寅さん」や『釣りバカ日誌』の「ハマちゃん」を特別視させてやがて世間から排除していく。変わっていようとおかしな点を持っていても、みんながそれでいいと認めていかなければ、人は身近な人たちを、そしてやがては自分自身が「あっち側」へ追いやる。「人は高齢者になるのではなく障害者になる」のであれば、言うことが分からない、動きがのろい、話が通じない、規則を守れない私たちは例外なくなるのだ。もっとも映画では単に排除されるだけでなく、こういう人もいて良いんだよという寛容さも示されてはいるが。

診断は医学上必要なものと不必要なものがある。私たちはその診断が本当に適切なのか、その診断によって何が起こるのかを考える必要がある。

1 「診断」から「差別の構造化」

人を分ける方法は、時代や個別のニーズによって変わりゆく一方で、その背景には行政による管理の影響が強く反映されている。その点を十分に留意する必要がある。医学的な診断も時代の変化や価値観の多様化、個々の思考傾向の違いなどによって変化していく。

では、「障害」や「障害者」についてはどうなのか。私は長く障害のある子どもたちの教育に関わってきた。障害のある子どもたちの傍らから、彼らの置かれた状況をつぶさに見てきた者として、この問題をどう考えたら良いのか。

アメリカには「精神疾患の診断・統計マニュアル」(DSM)がある。アメリカ精神医学会が診断の詳細な手順を公式に導入し、科学的正当性があるとされた。DSM－Ⅰ、DSM－Ⅱは統計調査を行うために作成され、一九八〇年に整えられたDSM-Ⅲでは明確な診断基準を設けられた。精神科医の間で精神障害の診断が異なるという問題が提起され、診断の信頼性を高めようとしたものである。このDSMは、世界保健機関による国際統計分類(ICD)とともに、国際的に広く活用されている。

DSM－Ⅲは、その後四回の改正が行われ、現在はDSM－Ⅴ(二〇一三年)が用いられている。だが、この診断基準には課題が多く、恣意的に使用される可能性やアメリカの保険制度との結びついて作成された経緯もあり、批判と論争は今日まで続いている。特に精神科医の間では、診断基準が科学的ではなく極めて政治的なものであり、それが最大の欠陥であると指摘されたにもかかわらず、権威あるものと認定されたことへの批判が強い。

DSMがすでに大きな影響力を持ちすぎていて、診断が差別と偏見を助長しているとの指摘も少なくない。専門家の間でも、診断と治療には大きな乖離があり、今後診断基準を慎重に見守ることの必要性を指摘している。

アメリカではこの診断規準に従うことによって保険が適応されるため、アメリカの政治に組み込まれた診断規準と考えられ、診断の適正が問われている。日本もこの基準に従って精神障害や発達障害が診断されている。その問題点を指摘する者も多く、実際に学校や職場など社会生活を営む上で大きな問題が生じている。

障害や心の問題を、その人の置かれている環境との関わりの中で見ていくことがどれだけ重要であるかは言うまでもない。だが、その点を意図的に回避して、ひたすら身体の器官、とりわけ「脳の問題」に固執するという点が最大の問題である。

また、障害と健常の間には明確な境界線を引けないとする今日的見解を無視して、どちらかに決定するという性急さを生じさせている。このことが、教育や社会全体に大きな混乱をもたらしている。

これから述べる様々な診断が、ＤＳＭの診断基準と深く結びつき、差別や偏見、排除の要因となっていることをあげる。また、かつて日本で散々論じられた「登校拒否」と「不登校」の違いは一体何であったのか。学校現場が精神科医や臨床心理士によって振り回された歴史があるが、そこに何があったのかを論じる。

精神病のバイブルがなぜ人種差別助長に繋がり、発達障害者の飛躍的増加によって、教育界も社会全体も寛容と共感性を失っていった。その中核となっているものこそ、この精神疾患のマニュアルである。特定の人々への差別意識を生み続けていることに対する恐れのなさ、共生社会を否定する原動力になっていることへの危惧の欠如、それらの点について、特に教育に関係したものを指摘したい。

私は、特にインクルージョン（包みこみ）という考え方から、診断基準のあり方やそこから必然的に生じてくる差別や偏見、排除という問題に切り込みたいと思う。

人種差別と障害

障害者差別と人種差別との間には、密接な関係がある。

よく知られた障害に、「ダウン症」がある。一八六六年イギリスの眼科医ジョン・ダウン医師が、特異な顔つきをした精神遅滞の事例を論文を掲載し、その中で彼はモンゴリズム（蒙古症）と名付けた。顔の特徴を「目尻が下がっていて瞼の肉が厚く、低い鼻と頬が丸く、体は小柄」という風貌を指摘した。それは母親の胎内で発達に遅れがあり、モンゴロイド（黄色人種）になったという解釈である。だが、白人や黒人の中にもモンゴリズムがいることが分かって、このような表現が適切かの問題が起こり、人種的偏見に基づく差別的表現と見なされるようになった。

一九六〇年に入って、モンゴル人民共和国からＷＨＯの事務局に対して、病名としてのモンゴリズム」は極めて不快であり、将来的に使用しないことを要請し、その結果、発見者のダウン医師の名前を取って「ダウン症候群」の名前が定着した。また「二一トリソミー」という医学用語が使用されることもある。そして国連は二〇一二年、三月二日を「世界ダウン症の日」と認定した。

だが、発見者ダウン医師は、ダウン症児をアジア系の顔つきと見なして「モンゴリズム」(蒙古痴呆症)と命名することが差別であったことを理解していなかった。ヨーロッパ人にとって、白色人種が人種的に最も優越性があり、その下に黄色人種、そして黒色人種は最下層という人種偏見があったからである。

医学者という科学的な思考が要求される職業人に、人種的差別が強く根付いていることを見て取ることができる。「ダウン症」は、その名前と共に白人たちの人種差別を示す例として、今後も歴史に残っていくだろう。

次に黒人と障害について考察する。特別支援教育の重要な柱に、「個別の指導計画」がある。通常の学校では、授業を行うに当たって「指導案(授業案)」を作成するが、それは授業全体の構成や内容の把握に重点が置かれている。特に個別に配慮する必要のある子どもたちに焦点化したものは、授業における配慮事項として授業方針や授業内容に直結するものである。

障害のある子どもたちには、一人ひとりの障害を様々な角度から把握して、それが個々のニーズに合わせた指導になるように授業を展開する。その実態把握はアセスメントと言われて、言語発達、認知能力、身体能力、作業能力、社会性、コミュニケーション等の領域別に把握される。それらによって指導方針の明確化、支援方法の工夫が定められ、授業目標が設定される。子どもたち個々の授業目標が立てられることにより、教師の指導方法や指導内容が一層明確なものになる。

「個別の指導計画」作成や活用は、アメリカの教育方法から導入されたものである。一九九〇年の「全障害児教育法（IDEA）」の基礎となっている「個別教育計画（IEP）」は、策定の前提に人種差別があったことが指摘されている。個別教育計画は個別のニーズに応じたきめ細やかな教育として、日本では極めて先進的な取組として受け止められて推奨されてきたが、その実態は黒人差別のために生まれてきたものであることを指摘する人たちは多い。

アメリカでは、肢体不自由児の統合教育が進んでいたにもかかわらず、知的障害児は特別支援学級で学ぶことが多かったが、その特別支援学級の構成は黒人の子どもたちが多くを占めていた。家庭環境の劣悪さによって、低学力の子どもたちは通常の学級ではなく特別支援学級で学ぶことが多かった。白人の親たちは黒人の子どもたちの特別支援学級で教育を受けさせることに同意しなかった。そこで登場したのが、ノースカロライナで始まった自閉症の療育プログラムである「TEACCHプログラム」である。

人種差別と黒人

ノースカロライナは黒人差別が顕著な州として知られ、皮膚の色で一生が決まってしまう社会状況の中で、自閉症の療育プログラムが生まれてきてこと自体が、その背景に大きな問題をはらんでいることがうかがえる。それは特別支援学級に在籍する子どもたちの多くは黒人であり、黒人の学級に入ることに抵抗感のある保護者たちの動きが、「TEACCHプログラム」を生んだと言われている。自閉症児は白人の知識人階層の家庭に多いと喧伝された時代があった。だが、それは裕福な白人階層が、自分たちの子どもたちを黒人の多い特別支援学級に入れることを拒否したからに過ぎない。その後の調査では、自閉症の出現は白人や黒人の人種的な違いには影響されないという当然の結論になるが、白人の障害児と黒人の障害児を分けるためにつくられた歴史を知る必要がある。

日本でも自閉症が登場してきた時期には、知的障害を避けて自閉症の診断を受けたいと願う保護者が大勢いた。知的障害と診断されれば、特別支援学級に行かされることになることを知った親たちは、自閉症の診断で通常の学級に通わせたいと思ったからである。このような傾向は、後の発達障害の出現においても同様に、知的障害の診断よりLDの診断を得たい保護者の動きに重なってくる。これらは、知的障害を「知恵遅れ」と蔑視するような日本の社会的風土が生み出した「差別の構造」から逃れたいという願いがあったからである。障害者が差別される社会では、別の診断名を求める保護者の気持ちは十分に理解できる。

また、私の経験からも貧困家庭の子どもたちに学習の遅れや不登校、非行傾向にある子どもたちが大勢いたことを知っている。家庭での十分な養育が保障されていない場合に、低学力や「不適応行動」に出る子どもたちは少なくない。当時の言葉で「環境精薄」という用語があった。今日では差別用語であるが、劣悪な環境で生活する児童は、学習意欲が希薄であり、他者との言語コミュニケーションに劣り、家庭での学習の定着化は期待されず、知的能力そのものに大きな影響が現われると言われた。アメリカの特別支援学級が黒人の子どもたちでいっぱいであったことは、黒人の置かれた社会的環境が影響していることを照射している。

上述の「個別教育計画」は、このような白人の自閉症児のために作成されたものであった。元来裕福な白人階層のためのものとして生まれてきたが、そのような背景を知らない日本人は、一人ひとりの教育的ニーズに応じた教育を評価し、自閉症への科学的な対応としてのTEACCHプログラムや個別教育計画が、今後の障害児教育のあり方を変えるものとして受け入れてきた。一九九二年、私は神奈川県教育委員会に在職していたが、「個別教育画」の作成及び活用を県内の障害児教育担当者に説明し、各学校で実践させる立場であった。研修会や研究として、「個別教育計画」を何度も講義してきた。

こうした活動を通じて、最初は黒人差別が背景にあることなど知る由もなかったが、今日の障害者差別や排除の多くの現実を知らされて来て、障害児教育の中に別の差別が潜んでいることの意味を深く考えるようになった。

アメリカの国家政策には、常に人種問題が存在した。奴隷制を擁護する立場や人種隔離政策また移民排除政策の賛同者たちは、黒人やマイノリティには異常が多く見られると言う報告を作成し、人種差別を正当化してきた。精神障害者の判定には人種差別が根強く残っていて、DSM（精神疾患の診断・統計マニュアル）にもその痕跡を見ることができる。

一八四〇年に行われたアメリカの国勢調査によれば、合衆国の総人口は一七〇六万九四五三人であり、そのうち二九六万四六〇七人が黒人であり、一万七四五六人が精神障害者と判定されたが、黒人の精神障害者は二九三五人、全体の一六・八％であった。だが、精神障害者は黒人に多いわけではないと言う事実はいつのまにか歪曲されていく。黒人の占める割合は一六・八％である。精神病は黒人に多いという偏見とレイシズムが自然に作り上げられている。特に北部の自由黒人と南部の黒人との比較で北部の自由黒人が南部の黒人の一一倍になっていることから、奴隷制そのものが南部の黒人の正気を保っているという主張を生み出した。

当時の上院議員のカルフーン（前副大統領）は、こう述べる。「だから奴隷制が必要なのだ。黒人は自立できず、自由という重荷で狂気に沈んでしまう。彼らを精神の死から守ることこそ慈悲なのだ」と。

その後、アメリカでは奴隷制を擁護する医師たちによって、黒人がいかに異常であるかの言説を発表していく。例えば、内科医カートライトは、「ドラペトマニア＝出奔病と狂気の合成語」という病名をつくり、黒人奴隷が逃亡するのは怠け病が根底にあると断じた。また、「黒人異常感覚症」という病名をつくり、黒人の持つ虚弱呼吸の治療のために新鮮な空気のもとで重労働が処方箋であると述べる。生物学的な差異をことさら強調する人たち、例えば頭蓋学者たちは白人と黒人の頭蓋骨の違いについて研究し、その結論として、黒人たちは精神障害、犯罪、社会的逸脱に陥りやすいと主張した。

今日で言えば、人間は遺伝的要因と環境的要因の複合体であるとされ、劣悪な環境的要因によって、社会的な逸脱が起こるとされている。もし、劣悪な環境ではなく、中流階層の白人と同一の環境にあれば、黒人の社会的評価は高いものになるだろう。運動能力で飛び抜けた素質を持つ人たちは、教育の保障さえあれば白人より優れた業績をなすだろうと言う者も少なくない。

人種問題は、移民受け入れ反対にも結びついている。様々な学説がある中で、後の時代に流入した劣悪な人種が、精神病の急増の原因として、中南米からの移民を阻止しようとした。問題とすべきことは、精神病や障害を人種問題と見ること、そしてそのような主張に迎合する医学者や精神科医が多くいることである。北ヨーロッパのクリスチャンには知的優位性があり、黒人の知的発達の遅れについては、次のように述べている。

文明化と脳の発達は並行してなされるものであり、文明化に浴したことのない低級人種は永遠にそれに適合しない。黒人は早すぎる移住者の生き残りであり、彼が一人取り残されれば、例外なく祖先の暮らしに逆戻りする。その色と体格のために、彼らはこの国の上流階級からは堕落して追い出される。文明化された環境での生存競争により変質を被り、犯罪、消耗、狂気は増加する。彼らは適者生存の規則に従って、確実に絶滅するであろう。

（カチンス、二〇〇二、二七三頁）

これは一九〇一年アメリカ精神医学雑誌に掲載された文章である。黒人の劣等生はIQテストで診断され、白人の利用可能な教育資源を黒人には与えない根拠となった。低いIQ値は、黒人の受けるべき教育から隔離するために用いられた。これらに心理学者、臨床心理士が多く関わっていたことは疑う余地もない。

精神疾患の診断基準は、その根底に国家政策の方向性と無関係ではなく、政府が望ましいと思う方向に沿った主張が行われた。このような人種差別のための診断基準に強い憤りを覚える。

障害差別は人種差別と深く結びついている。一つの差別は他の差別と絡み合い、差別問題をより一層複雑なものにしている。そして白人の優位性に端を発する「黒人差別」は、日本人の中にも浸透している。白人に対しては卑下する一方で、黒人に対しては尊大な態度を取ることや、他民族に対して「シナ人（シナ人はアジア人への蔑称）」呼ばわりする者、朝鮮人に対するヘイトスピーチなどは、日本におけるレイシズム（人種差別）の典型であり、至るところで見られる。

障害者差別と人種差別の視点からは外れるが、私の身近で起きた二重の差別・人種差別と社会的差別の事例を紹介しよう。私の教会ではホームレス支援を三〇年にわたって行ってきている。その中であった実話である。ホームレスの支援をしているうちに、一人の朝鮮人に出会った。彼はホームレスであるが、支援活動に身を置いて私たちと一緒に活動していた。自ずと礼拝にも出席するようになり、いつしか信仰を持つようになり、教会の仲間になりたいと洗礼を志願するようになった。私たちは喜んで彼を迎えようとした。

だが、問題が一つあった。それは、彼は通名（日本人名）を名乗っていて、通名のままで洗礼を受けたいと言った。それに対して本名で教会員になっていた韓国人たちが、神の前で生まれ変わるのだから、本名で洗礼を受けるべきだと説得した。彼は悩んだ。

本名で洗礼を受けることは、その場に大勢出席しているホームレスの人々に、自分が朝鮮人であることを明からにすることであり、朝鮮人と知られればいじめが起こる。彼らから差別を受けることになり、それは絶えられないと語った。結局信者たちの説得で、本名で洗礼を受けた。差別は当然のように起こり、その対応策も検討された。

この事象は、ホームレス差別と民族差別が絡み合った例である。ホームレスの人たちは、一般人から差別を受けるが、彼らの中でも民族差別や障害者差別が起こるということである。

被差別者が差別者になるという差別の構造化の課題に、わたしたちの教会は直面している。

政治と障害

二〇一一年、ドイツ精神医学学会は、ナチス時代に行われた障害者差別や虐殺という犯罪への加担を認め公的に謝罪した。本来守るべき立場にある医師が、時代の流れに沿うように患者を見殺したどころか、殺害に手を染めていた史実を認めたのである。医学者や心理学者が時の為政者の言うままに研究結果を意図的につくりだし、政府に好ましい結果を提供してきたことが浮かび上がってきた。

DSM-Ⅴは二〇一三に出された。この改訂によって「アスペルガー症候群」の項目がなくなった。一般社会の中でも、困った人、空気を読めない人、人付き合いが下手な人などを「アスぺちゃん」と愛称で呼ぶこともあり、多くの人に知られる発達障害の代表とも言える存在になっている。ではなぜ今回の改訂によってこの名称が消えたのかを探ってみたい。

一九九四年のDSM-Ⅳでは、アスペルガー障害の診断基準が掲載されている。細かくは触れないが、自閉症の診断基準と重なり合うものと異なるものがある。さらに、知的障害を伴わない自閉症を「高機能自閉症」と称するが、この高機能自閉症とも異なる基準がある。自閉症は、①社会性の障害＝他人と視線が合わないことや他者に興味関心がないなど、②コミュニケーションの障害＝会話の遅れやエコラリア（反響言語）、会話が成立しにくいなど、③想像力の障害＝こだわり行動など、の特徴がある。一般に自閉症は知的に高くなく（ＩＱ七〇以下）、ＩＱ七〇以上の正常値に属するものを高機能自閉症と称する。この高機能自閉症の中でも言語能力が高いものをアスペルガー症候群と呼ぶ。

では、高機能自閉症とアスペルガーを分かつ基準は何か。①言語の発達で遅れがないこと、②他の面で発達の遅れはないこと、③社会生活で問題が生じていること、以上である。特に言語性知能が高いことで、「言葉のある自閉症」と言われている。

だが、知的に問題がない自閉症を高機能自閉症と呼び、その中でも言語能力の高いものをアスペルガーと称するという基準は、それほど明確なものではなく、両者を分かつことが困難なケースも少なくない。研究者の間でも両者を分けることの必要性を疑う者も少なくなかった。

さて、アスペルガー症候群は、発達障害の中でも最も知られたものであるが、それが社会で大きく取り上げられるようになったのは、アスペルガー症候群の診断が付与された若者の殺人事件（豊川事件）であった。その後も毎年のように同様の事件が続いて起こった。特に有名なのは、後に「自閉症裁判」の本に取り上げられた「浅草のレッサーパンダ帽事件」である。この裁判では、自身の障害認知の難しさと卒後の支援体制の希薄さが問題として浮き彫りにされた。

いずれにせよ、現在のＤＳＭ‐Ｖ（二〇一三年）からは、アスペルガー症候群の名称は消えた。

消えたことによって混乱に陥っているのは、そのように診断された人たちである。アスペルガー症候群は知的に正常であり、発達に大きな遅れはない。そのため幼少期からのスクリーニングをすり抜けて、異常なしと言われてきた人たちである。

しかし、大学入学や卒業後の入社面接などで、担当者から何らかの異常が指摘されて初めて気づく人たちが多い。教育実習や福祉実習の現場で、様々な不適切な問題点が指摘されて気づくようになったと語る者は少ない。

さらに大きな問題として浮かび上がるのは、自身がアスペルガー症候群であることを知って、正確な自己理解にたどり着いたと安堵する人たちもいる。診断によって治療を開始した人たちもいる。それが、この診断名がなくなったと聞かされてどれだけの混乱に陥っているか想像に難くない。

アスペルガー症候群の呼称は、ウィーンの小児科医ハンス・アスペルガーの名前に由来している。自閉症の用語を初めて用いたのはアメリカ人レオ・カナーであるが、長く障害児のために尽くした人物と見られていた。ナチス・ドイツの政権下の障害者抹殺から子どもたちを守り、母校ウィーン大学医学部教授を二〇年以上勤め、障害児教育の分野で自名が冠せられる障害を発見し、障害児の医療で大きな業績を残してきた。

自閉症という言葉は、一九一一年スイスの小児科医オイゲン・ブロイラーの論文に初めて登場したものであるが、彼は外界から切り離されているように見える統合失調症患者を示すものとして最初は使用した。その後、一九四三年にカナーが「情動的交流の非自閉的障害」を、翌年一九四四にハンス・アスペルガーが「小児期の自閉的精神病質者」をそれぞれ発表した。カナーの自閉症は認知能力に重度の障害のある古典的自閉症として知られ、アスペルガーの定義では自閉症は問題の程度が軽く、言葉を話し普通の学校にも通える子どもたちがいた。

そして、イギリス人ムローナ・ウィングが一九八一年に「アスペルガー症候群」と公表して以来、この概念が急速に広まり、アメリカ精神医学会の「精神疾患の診断・統計マニュアル『DSM-Ⅳ』一九九四に独立の診断名として記載された。やがてアスペルガー症候群は高機能自閉症と見なされて、DSM-Ⅴ（二〇一三年）から削除され、同時に新しい概念「自閉症スペクトラム」という総合的な診断名の中に組み込まれるようになった。

だが、近年になってアスペルガーの業績の裏にある問題が指摘されるようになった。アスペルガー症候群は自閉症スペクトラムの概念を拡大する役割を果たした。そのためにアスペルガー自身は、子どもの相違を認識し、寄り添い擁護した人間として描かれ、ナチスの障害者抹殺計画に抵抗した人として描かれることが多い。ところがその実態を調査することによって、むしろナチスの障害者抹殺計画に大きく関わっていたことが明らかになってくる。アスペルガーはナチスの児童安楽死計画に様々な形で関与していることが明らかになった。

ナチスの精神医学では、ドイツ民族の共同体に身を捧げることが優先されたため、診断がナチスの優生学で重要な意味を持った。それは適切な人種であり適切な生理を持つか否かであった。ヒトラーは大人の安楽死をすすめるT－4作戦を実施し、二〇万人ともいう障害者が犠牲になった。子どもの安楽死は規模も小さく、五千人から一万人と言われている。この児童安楽死にアスペルガーが関わっていたという。

一九四〇年ドイツ精神医学第一回会議が行なわれ、その時のレポートを学会誌に報告している。アスペルガーは、その中で「価値がない、教育ができない子どもたちについて人格の早期診断によりほとんど価値のない子どもや教育のできない子どもを事前排除してしまえば、障害を負った子どもや価値のない子どもを労働者の共同体に組み込むのも、極めて容易になるであろう」と、優生学に賛同して述べている。また、自閉的精神精神病質の子どもについて自分だけの世界に閉じこもってほとんど何もしない奇矯な変人や、重度の対人障害を煩い、知的発達の遅れた児童人形のような人間もいると極めて無神経で差別的発言を繰り返していた。

アスペルガーは戦後、ナチスの児童安楽死計画を非人道的と述べ、自身はそれに抵抗していたと主張した。また、自身のことを「カトリックのアスペルガーは、排除を目的に脳損傷のある子どもを報告するようなのまねはしなかった」「命令通り知的障害児を衛生局に通知しなかった。そのため実に危険な状況に陥った」とも述べている。さらには「もしドイツが戦争に勝っていたら、自分は真っ先に処刑されただろう」の一文もある。

だが、実際には、アスペルガーは、ナチスドイツの中でウィーンの学界や政府の指導的立場に就いていた。反ナチス的な評判のために学者としての出世が遅れたというが、実際には一九四三年三七歳の若さで准教授に就任している。これをどう説明するのか。

アスペルガーは、知的に高い子どもの社会的適用力を引き出し、社会に貢献できることを訴えたが、一方で知的の低い子どもを切り捨て安楽死計画に加担した優生思想をまとった小児科医であることが判明した。

障害児者をめぐる問題には、政治が絡んでいることが多い。どのような社会を実現させるのかという政治理念の根本に関わる問題として、障害者への対応が大きな意味を持つからである。重い知的障害者は生きる価値がないというナチスの考え方を日本でもどれだけの人が支持をしているのだろうか。津久井やまゆり園事件が起こる背景を日本も持っていることを考えれば、アスペルガーの歴史的問題は決して人ごとで過去の事件ではない。

職業差別の診断から色盲

視覚障害とは、様々な視機能に永続的な低下が見られるもので、高齢になれば視覚能力の低下が見られるのは自然であるが、それは障害とは言わない。また、治療によって回復される者は障害ではない。視機能には、視力、視野、色覚、暗順応、眼球運動などの機能があり、主に教育の場をめぐる就学指導や実際の指導での配慮などで問題になるのは、視力障害、視野障害、暗順応障害である。

ここで取り上げてみたいのは、色覚障害である。色覚異常には先天性と後天性があるが、先天的色覚障害には色盲と色弱があり、日本では男子の四・五%、女子はその一〇分の一程度に現れるといわれている。後天的色覚障害は、眼に何らかの病変が生じて色の見え方に異常をきたしているものである。

人間の色の感覚は、赤、青、緑の三色の感覚の合成であるといわれている。三つの色感覚の感度の低いもののうち、赤の感度の低いものを赤色弱、緑の感度の低いものを緑色弱という。両者を「赤緑色弱」という。実際にはどの程度の以上なのかは個人差があり、赤と緑が分からないということではない。一般的には暗いところで緑が茶色に見えることもあり、また判読するのに時間がかかるということである。

私はよく考えれば「異常」と呼ぶほどのことではないのに、色覚異常と呼ばれたきた。「先天性色覚異常」は遺伝性である。その遺伝性が、簡単に「異常」と判定されることによって、「遺伝性障害」としてが深刻な問題と受け止められてきた。

私が色覚異常と判定されたのは、小学校入学後の身体検査によってであった。日本の学校で身体検査が実施されたのは、一八九七年の「学生生徒身体検査規定」であり、学童保健の重視がその理由である。当時、結核や脚気などの疾病が児童間に蔓延することを恐れた政府が、健康な身体を持った児童の育成のために設置した条文であった。

健康な児童はやがて身体頑健な大人に成長し、それは強い兵士や労働者を育成するという、当時の富国強兵政策の一環であった。この色覚異常の検査が、何のために用いられたかが見えてくる。

小学校入学前に小児結核を病んだ私は、ひ弱な体力と貧弱な体格で、発熱のため寝込むことも多く、病院通いを続けていた。親はこのままでは小学校に入学しても通学できないことを理由に、一年遅らせることを考えたという。しかし、一年遅れでは可哀想だと思って入学させたが、虚弱体質は好転せず、欠席や早退が続いた。そんな中で私の色覚異常が発覚した。しかし、そもそも学校への通学もままならない状態であったので、色の違いがあまり分からなくても、そのことにあまり関心はなかった。

ところが、体力が回復して、体育の授業が許可されるようになった四年生の頃、私は身体検査を嫌悪するようになった。それは皆の見ている前で行う「色覚検査」があったからである。一度「色覚異常」がついた子どもに、身体検査の度に毎回「色覚異常」が宣告される。色覚異常検査は検査版に様々な色の点が描かれていて、正常者は浮かび上がる数字が読み取れるが、異常者には読み取れない。それでどうして読めないのか？という質問を受けることになる。負けん気の強い私はそれが我慢できなかった。病弱者に与えられた権利である「体育の授業の免除と図書館での読書」を快く思わない周囲の者は、私の弱点を突いて揶揄したのだろう。いずれにせよ、私は身体検査で「学校用石原式色覚異常検査表」を見るのが苦痛になった。

ところで、どこの学校でも使用された「石原式色覚異常検査表」はどのようにして生まれたのであろうか。石原式の生みの親である石原忍は、一九二六年に陸軍軍医監になり、その後東大教授となったエリート眼科医である。一九一六年に徴兵検査専用の色神検査表を作り、一九二一年に学校用色盲検査表を作って書店から出版した。この検査表はその後広範に使われ、その功績によって朝日新聞の「朝日賞」を受賞した。軍隊では、色覚異常者は役に立たない者とされていて、それを排除するのに大きな功績があったからである。

石原は、「色盲者に不適当である職業を医師、看護婦、薬剤師、陸軍現役将校、その他すべて色を取り扱う職業」と規定した。彼の考えはつい最近まで変えられることはなく、職業差別の土台を作った。義務教育の中で使用されたものを各方面で活用された。一九五八年の学校保健法の中にも、この色覚検査が取り入れられた。この検査で多くの当事者は苦しんだ経験を持っている。今でも覚えているが、高校二年生になって今まで理系の授業を取っていた同級生が文系に移ってきた。親しかった彼に何かあったのかと尋ねたところ、色弱があることが分かり医師になる夢を断念したと答えた。その時私も色弱であることを告げた。彼は私の顔をじっと見て、何かほっとしたような表情をした。

「障害者欠格条項」というものがある。聴覚障害、肢体不自由、精神障害のある者には、障害を理由に免許の交付を認めなかったり、取り消すことを定めたものである。

日本で最初の障害者欠格条項は、一八七八年「府県会規則」であり、知的障害や精神障害のある者には認めないとするものであった。民法制定以来、九〇年間にわたって「聾者、啞者、盲者」を準禁治産者の対象として定めてきた。この欠格制度の差別性に対して、障害者運動の高まりの中で民法十一条から「聾者、啞者、盲者」文字は削除されたが、障害者を主体的存在と認めない精神は残った。

二〇〇一年の通常国会で「欠格条項」の見直し法案が成立したが、その趣旨は次の二つである。

①受験について障害者欠格条項は削除する。

②障害名をあげて「免許を与えない」の条文を削除する。

医師法などの職業に関する法律の中で、欠格条項を撤廃したのは栄養士法などの三法のみである。残りの法令には、試験に合格しても免許を与えないことがあることとして、「心身の障害により業務を適正に行うことができない者」の一文が付加された。つまり実質的に欠格条項を残したものになっている。障害者欠格条項は、資格や免許に関することだけでなく、プールや老人施設の利用まで適応されているのも少なくない。

この石原式検査は、学問的に高く評価され、兵士の選抜には有効であったが、戦後の学校保健に持ち込んだことは、差別助長という決定的な誤りを犯した。今日では、ようやくその非に気づいて、職業的差別から解放された感があるが、「色覚異常」を障害と認定させ、差別と排除の基を築いた責はあまりに大きい。

色覚異常は職業的差別を受けることを知ったとき、母親を強くなじったことが甦る。身体検査時に受ける屈辱や、他に当たりようにない悔しさが母親への非難として口をついて出たのであろう。優しかった母に向かって、「どうしてこのような障害を持って生んだのか」と強く責めたのだ。母親は黙って悲しそうに下を向いていた。何度も何度も責めたのだろう。ある日、担任からそのことはもう言わないようにと指導を受けた。病弱な私をいつも励まし続けてくれた優しい母に、色覚異常を私にもたらせたと信じ込んで強く責め続けたのだ。責めるべきは色覚障害を社会的無用者と差別をつくった石原忍と社会であったのに。

色覚異常を障害者と断じたエリート眼科医とその実態を知ろうともしなかった当時の文部省の役人に、強い怒りが今でも残っている。

後に、私は中学校の特別支援学級の担任となり、私が語った言葉で親を責め続ける生徒と出会うことになる。脳性マヒの生徒は身体の不自由さの故に、「こんな体で産んでくれてありがとうよ」と皮肉的に母親をなじった。そのことを泣きながら訴えた母親の相談を受けたとき、かつて小学校四年生の時に、私も同じことを言ってなじったことを思い出し、愕然とした。私の中にずっと封印されていたことだった。障害があってもそれを支えるものがあれば、乗り越えることはできる。まして、周囲の差別や排除がなければ、生きることが苦痛ではなくなる。

「石原式色覚異常検査表」は、軍隊で使いものにならない者を排除するために利用された。「異常者」とは、兵士や労働者になれない者を識別する排除の検査だった。端的に言えば、「異常者」とは国家に役立たない者を指す用語である。

中学一年生の脳性マヒの生徒や小学校四年生の私に、親を責め立てる障害とは何だろう。まさしく障害とは社会によってつくられたものである。

最近読んだ『「色の不思議」と不思議な社会』（川端、二〇二〇）の中で、対談者の研究者の言葉を次のように伝えている。

遺伝教育で障がい者理解を語るとき、異常と正常を決めてかかる議論では、理論的に説明がつきません。障がいを理解しようと言いながら、それは悪いものなんだということになってしまう。あるいはそのように受け止めてしまう可能性もあります。ある尺度で見れば、いいものが出ることもあれば、悪いものも当然出る。それも、あくまでその尺度で見たときの良い悪いなんだと私たちは言います。正常あるいは多数派と違うのだから異常だと語っていたら到底持たないのです。（一四四〜一四五頁）

二〇一七年九月日本遺伝学会は、「色覚障害は異常ではなく多様性と捉えるべきである」と先天性色覚障害について異例のアナウンスを行なった。

現在の研究では、約四〇％の人に何らかの色覚異常があると言われている。全体から見て四〇％の人にあるものを、異常とは言わない。かつて「異常」と「正常」がくっきり分かれていた色覚障害は連続しており、多様であることが今日では明らかにされてきている。

自閉症スペクトラムで示されるように、知的障害のない人たちの間にも自閉症的特徴を有するものがいることが分かり、一般に連続したスペクトラムとして理解されるようになった。つまり、あるかないかの二者択一ではなく、どの程度あるのかという見方に変わっていった。本書に取り上げる発達障害の示される人は二択で区切れない、何らかの傾向性を持つことが示される。

子どもの頃あれほど悩んだ色覚異常は、現在では「異常」ではなく、多様性の範疇で見るべきものである。障害もまた、一つの多様性なのだ。

2　登校拒否と不登校の間

二〇二一年一〇月、文部科学省が全国の小・中学校の不登校の調査結果を発表した。それによると、年間三〇日以上休んだ子は、一八万一千人にのぼったことが判明した。前年度より一万四八五五人の増加であり、これは全在籍児童生徒数の二・〇％を占めるという。さらに次年度の文部科学省の調査結果によると、小・中学校で不登校状態の児童生徒数は二四万四九四〇人に上り、前年度より約五万人近くの増加という。これは全児童生徒数の二・六％に当たるという。この中には新型コロナウィルス禍感染回避者は含まれていない。この異常とも言える不登校者の増加の背景には何があるのだろうか。

不登校の実態や、その原因も多様であり、共通の処方箋など見当たらない。むしろ、すべての子にとって学校が最善・最適とは限らないという柔軟な考え方が望まれている。

さて、不登校をめぐる論点の中で、「学校恐怖症」や「学校嫌い」の定義、そして「登校拒否」から「不登校」の名称変更に関することまで様々な論点があった。その名称変更を含めて、その具体的な対応をめぐる混乱が続いた。不登校をめぐる混乱は、学校現場と精神科医・心理学者との見解の相違が原因である。また、教育現場から見れば、専門家と称する人たちの過度な介入であり、そもそも不登校を病気とする医師たちの不見識な見解が根底にある。今日においても問題行動の背景に精神障害や発達障害のあることを殊更誇大してかたる精神科医や脳科学者がいる。人を診断して病人扱いをする人たちによって社会の中にどれだけの排除と分断を巻き起こしているか。それはここで取り上げる不登校をめぐっての混乱と同一のものである。

かつて私は五〇人ほどの不登校の生徒を指導していた。ここでは教育の視点から不登校を論じたい。そして最後にインクルージョンの視点から不登校をどう見るかを指摘したい。それは教師の専門性とは何かを問うことであり、また不登校を病気として捉える医学や心理学とは何かを教育の視点から考えることである。

不登校の定義の変遷

これから不登校を巡る用語を取り上げるが、同じ用語であっても内容もその根拠も様々であるが、それは当時の社会的背景や考え方によるものによる。ここでは書籍に書かれたものを羅列するに留め、定義者の考え方や背景によって定義内容が異なることを見ておきたい。

〈登校拒否〉（『児童臨床心理学事典』一九七四年、岩崎学術出版社）

登校拒否の問題は大別して二つある。親の関心や子どもの心身の健康、あるいは学校制度の欠陥によって、親も子も登校を断念している、いわゆる学校に「行けない」ものと、本人の側の心理的理由から登校しない、いわゆる本人の意思によって学校に「行かない」ものである。前者を登校不能とよび、後者を登校拒否という。

〈学校恐怖症〉（『教育相談事典』金子書房、一九七五年）

学校恐怖とは、健康を害したとか、家庭の事情があるなどの客観的に認められる理由はなく、ただ本人の心理的理由から、学校へ行きたがらない状態を言う。これを心因的登校拒否や、神経症的登校拒否、登校拒否症などと呼ぶこともある。

本症児は、学校へは行かなければならないと思いながらも、行けないという状態にある。主たる症状としては、心気的傾向、脅迫的傾向、攻撃的傾向、自閉的傾向などがある。この症状は、小児精神分裂病、うつ病などの精神病が背景にある場合もあるが、多くは心因性のものである。

〈登校拒否〉(『情緒障害辞典』岩崎学術出版社、一九七七年)

登校拒否は、両親が熱心に登校させようと努力しているにもかかわらず、子どもはそれを拒否する状態である。子どもは登校しなければならないことは十分に意識しており、登校しようとするが、それが不可能な状態にある。登校を拒否する理由として身体症状を訴えるが、それは詐病であったり自律神経の失調によるものであって、単純な身体疾患は見出せない。学校恐怖症とも言われているが、登校さえすれば、普通児と変わりなく学校生活を営んでいるから、この名称は妥当ではない。ただし、登校拒否とともに、脅迫症状を現す子どもが多く、また、極めて幼稚な行動を現すために、精神病と誤診されることも少なくない。

〈学校恐怖症〉(『新版・心理学事典』平凡社、一九八一年)

従来、学校の長期欠席は、病気、けがなどによる身体的理由が主であり、ほかに経済的理由、家庭的理由(欠損、崩壊などによる子どもの教育の放任、無責任など)が上げられ、心理的理由による不登校は、怠学がほとんどであった。

学校恐怖症という概念が文献に現れたのは、一九四一年にA・M・ジョンソンらの報告が最初である。日本では、一九八五年ごろから精神科医により学校恐怖症という語で問題にされたが必ずしも恐怖症という診断名が適切なケースばかりでなく、いろいろな事例があることから、登校拒否という症状名を用いる方が一般的になった。

〈登校拒否〉（『増補版　精神医学事典』弘文堂、一九八五年）

登校の時間になると急にぐずり出し、頭痛、腹痛、嘔気などの種々の身体的症状を訴えて、どんなにおどしたり、なだめたりしても登校しない子供がいる。これらの症状は午後になると消失して、子供はケロリとしてしまう。夜、明日は必ず登校すると言っていろいろ準備するが、当日はやはり同じことが起こる。

この状態はいろいろな程度のものが幼稚園児から大学生にまで見られる。学校恐怖症という言葉が以前用いられたが、これは学校が恐怖の対象となっているものと解されたため、時には治療が困難である。しかしその本質は恐怖症ではないと考えられる。ジョンソンは、これは母と子が依存し合って別れられない状態なのだという。

〈登校拒否〉（『メンタルヘルス・ハンドブック』同胞舎出版、一九八九年）

登校拒否にはいろいろなタイプがある。当初一般には登校拒否というと非行気味の子の怠学型の行動と思われていた。また、神経症的な症例や、中には精神分裂病を疑われる症例もないわけではない。現在、最も多いタイプの「中核群」といわれるものは神経症症状すらとぼしく、登校拒否のみが主体で、これが頑固に持続するタイプである。

文部省の学校基本調査での「学校ぎらい」の判定基準は、①とくに身体的な病気はない、②家庭の中に通学を困難を生ずるような経済的な問題がない、③非行にはっきり結びつかないもの、とされている。

次に上げるのは、障害児教育に詳しい伊藤隆二氏の提言である。彼の提言は精神医学者や心理学者のものと異なっている。そこには原因の解明や責任の所在を問うものではなく、不登校児が楽しく晴れやかに生きられる環境の設定が求められている。それは子どもの問題を当事者の問題にしないで、環境設定こそが重要であるという障害児教育の視点が明確に示されている。

〈伊藤隆二氏の登校拒否への提言〉（一九八九年）

ア、「登校拒否」を「病」と考えないこと。登校拒否は治療の対象ではない。悩みを分かち合うことこそが大切である。

イ、「登校拒否」の原因は、家庭にあるとか、学校にあるとか言うように単純化しないこと。それを探っていけば、われわれの社会における諸矛盾に帰結する。

ウ、「登校拒否」は登校させることで解決すると考えないこと。肝心なのは、子どもが「生きる目当て」を持って生きることであり、単に登校することではない。

エ、「登校拒否」の責任は、すべての人にあることを確認し合うこと。学校が子どもにとって魅力があるか、家庭が居心地が良いか、社会がだれもが生き甲斐をもてる場になっているかを反省しよう。

オ、「登校拒否」は心理臨床の問題ではなく、「生き方」の問題であること。互いに足の引っ張り合いをやっているうちは、登校拒否は増え続けるであろう。だれもが希望に満ち、晴れ晴れしい気持ちで生きられるような状況をみんなでつくっていこう

〈登校拒否〉（「登校拒否問題について」文部科学省局長通知、一九九二年）

不登校は特定の子どもに特定の問題があることによって起こることではなく、「誰でもおこりうる」「登校への促しは状況を悪化させてしまう場合もある」と報告された。

〈不登校〉（文部科学省学校基本調査、二〇〇四年）

不登校とは、何らかの心理的・情緒的・身体的あるいは社会的要因・背景により、子どもが登校しない、或いはしたくてもできない状況にあること（ただし、病気や経済的理由によるものを除く）をいう。年間三〇日以上欠席した児童生徒である。

以上のように、不登校の定義についてその変遷を見てきた。不登校が注目されるようになったのは、一九六〇年代半ばで、最初は児童相談所や大学病院精神科がその対応に関わってきた。不登校の研究は精神科医が関わることにより、精神科医や臨床心理学者がその研究を牽引してきた。その結果、これらの研究者が不登校の専門家であるという観念が固定し、不登校問題の第

一人者としての地位を確保していった。教育現場の教員の取組の遅れや研究の不十分さも指摘された。そのような状況で、不登校問題は医学と心理学が対応の中心という考え方が定まっていった。

だが、それは不登校の子どもたちにとって果たして良い結果だったのであろうか。むしろ、不登校が「病気」や「異常な心理状態」にある特別な子どもという先入観を社会全体に植え付ける結果になっていったのではないか。「不登校の子どもたちに教師は手を出すべきではない」「不登校の子どもを学級から出したら教師失格」という誤った考え方を拡散する原因となったのではないか。

不登校の子どもは、「病人」「障害者」「適応力不足」というレッテルを貼られるに至った。ある県の副知事が、「不登校は壊れた子ども」という発言をしたり、不登校の子どもたちの居場所「適応指導教室」をつくるのに、地域住民が反対運動を起こした例もある。「不登校児は犯罪予備軍」「地域の子どもたちが安心して歩けなくなる」との偏見を植え付けた結果である。障害者も不登校も社会に適応できない者という誤った「スティグマ」を貼ってきた優生主義教育やそれを無批判に受け入れた一般市民によってもたらされたものである。

不登校に対する偏見や差別を生んでいったのは、医師たちであり心理学者であった。障害児教育に詳しい伊藤隆二氏の提言にあるような、不登校は社会全体の問題としてまた人生をどう生きるかという「生き方」の問題に直結するという考え方は片隅に追いやられ、ひたすら治療の対象とされていった。

不登校の原因をめぐっては、今日まで多くの学説がある。例えば、本人病気説、家庭原因説、学校病理説、社会病理説などがある。一九九八年に国連の子どもの権利委員会が日本の不登校に対する勧告を行った。それによれば、「過度に競争的な教育制度にさらされ、かつ、その結果として余暇、身体的活動および休息を欠くにいたっており、発達の歪みをきたしている」との指摘である。日本では、過度の受験戦争が不登校を招いているとの認識を新たにして、「ゆとり教育」の導入に踏み切った経緯がある。

その後、九〇年代中頃からの「発達障害ブーム」の影響を受けて、「発達障害の二次的障害としての不登校」の観点が拡大した。だが、発達障害の観点の導入は、再び不登校は本人病気説の再来をもたらし、不登校は本人自身のもの、また医学的対応が不可欠という考え方を強化する方向性に陥っている。

学校現場での対応

私は中学校の教員として、障害、不登校、非行、外国籍等のいわゆる「学校不適応」の多くの子どもたちに関わってきた。不登校の生徒も延べ五〇人ほど指導をしてきたが、一概に不登校と言っても、生徒一人ひとりは能力、性格、置かれた環境など様々である。それは不登校の分類が多様であることを示している。

一九八三年文部省「生徒の健全育成をめぐる諸問題―登校拒否を中心に」では、不登校の分類を統合して次のように分類している。

ア、不安を中心にした情緒的な混乱によって登校しない、神経症的な拒否の型

イ、精神障害による拒否で、精神的な疾患の初期の症状と見られる登校拒否の型

ウ、怠学すなわちずる休みによる拒否、非行に結びつきやすい登校拒否の型

エ、身体の発育や学力の遅滞などから劣等感を持ち集団不適応に陥り登校を拒否する型

オ、転校や入学時の不適応、いやがらせをする生徒の存在などの客観的な理由から登校を拒否する型

カ、学校生活の意義が認められないというような独自の考え方から、登校を拒否する型

この六つのタイプに分けて分類した結果、(ア)神経症型六一・四%、(イ)身体・学力・発達遅滞型七・六%、(ウ)怠学型七・三%になったという。

文部省の不登校の六分類は、精神科医・心理学者たちによる医学的・心理学的診断の強い影響下に作成されたものである。だが、よく考えてほしい。不登校をこのように明確に診断し、特定のカテゴリーに押し込めることが果たしてできるものなのか。医学や心理学は診断を行う。曖昧さは許されない。しかし、実際に不登校の子どもたちと接してきた私からすれば、六分類に当てはまらない子どもや、分類が重なり合う子どもたちは多い。一刀両断に分類化を図ることは不可能なことではないか。後に、文部科学省も不登校の理由の中に複数またがることもあると示すようになった。

私のいた中学校では、毎年三月になると卒業・進級判定会議が行われた。中心は不登校の生徒の対処をめぐってである。判定の基準は二つ。「心身症」か「怠学」かである。神経症は身体症状に異常があるもので、これについては卒業や進級を認める。怠学は本来登校すべき者が怠けを理由に欠席する者で卒業や進級を認めない。この明確な基準のどちらに入れるかの会議であった。私は多くの不登校生徒を見てきて、このような二者択一を判定の基準とすることに異を唱えた。だが、生徒指導担当者は、暴走族で飛び回っている怠学者を卒業させるわけにはいかないと主張し、教育相談担当は精神科医の言うように心身症は明確に分けられるはずだと主張した。不登校の原因をこのように二つに分類などできないという私の主張は退けられた。実態を知らないからである。

私が実際に指導してきた生徒の中には、非行グループに入って夜遊びを繰り返したが、学校に行こうとしても頭痛や腹痛の起こる者もいた。LD（学習障害）の生徒は苦手な国語の授業を考えると学校に行きたくなくなり、非行グループの一員になっていた。

不登校は発達障害の二次的障害である。弱視の生徒も見えないことで馬鹿にされ、非行グループに入っていた。障害を理由とするいじめの結果である。心身症と目された生徒も、家庭に深刻な問題があって、登校できなかず、小学五・六年の二年間引きこもっているケースもあった。

私はこのような生徒たちと接してきた。教室がその子たちにとって受け入れられる場所であれば、そこから立ち直ることができる。学校の居場所とは、キーパーソンとして寄り添う教員と子どもの仲間たち、そして能力に応じ、興味関心をかき立てる学習内容を保障する場を意味する。

単なる場所という空間ではない。そこでは何より、生徒たちとの信頼関係を最も大切にする。私は、精神科医の不登校児への不適切な対応をいくつも見てきた。病院で子どもたちが医師から叱られ、脅かされるという実例がある。医師の高圧的な態度に二度と通院しない親も子どももいた。親が変わらなくては子どもは変わらないと何度も説得された親は、どう変わればいいのかと質問者の医師ではなく私に問うた。子どもとの関わりは医師の専門性にはないものである。子どもと関係をつけるのは教師の役割である。

今でも思い出すが、長年「学校不適応児」をめぐって、協力関係にあった児童相談所の臨床心理士が、あるとき私にこのように語った。「子どもとお茶を飲むとき、その子の様子を観察する。茶碗の持ち方、口の付け方、お茶の飲み方を通して、その子の心理状況を知ることができる」と。心理的背景が行動に現れるからだ。

それに対して私は一緒にお茶を飲みながら、その子との関係づくりを念頭に置き、「どうだ、熱いか?」「家では誰とお茶を飲むか?」「友だちとは何して遊ぶんだい?」と聞いた。二人でお茶を飲む行為は、その場限りの一回性の中で今後起こりうる全ての可能性を秘めている。会話を通して、相手を少しずつ理解し合うことが進めば、もう一度会って話したいと思うかもしれない。君に関心を持つ人間がここにいるよ、と気づいてもらえるだけで成功なのだ。

児童相談所の精神科医には、学級の不登校や非行の問題でケース会議を何度も開いて多くの示唆を受けた。信頼できる医師であった。あるとき、私が不登校や非行の生徒の指導で夜半に家庭訪問したり、盛り場を巡回していることを聞いて、それは教師でなければできないことだと言った。教師と子どもとの信頼感は、結局その子のことをどれだけ思っているかに示される。

医師は子どもを医療の対象として眺めるが、教師は愛情を持って抱きしめる。その違いだと語った。さらに、その医師は私が教会の牧師であり、ホームレスやアルコール依存症の人との私生活も含めた関わり合いがあることを知って、牧師は逃げ隠れができない存在だと言う。だが、医師は病院の勤務が終われば自宅に籠もることができる。医師と牧師の違いは、単に使命感の強さではなく、人を無限に受け入れるかどうかにかかっているのではないか、と語った。

私は約五〇人ほどの不登校の生徒を情緒障害学級で指導してきた。中には、小学校五、六年生を全休したという生徒もいた。また、児童相談所からの依頼で、隣の中学校の引きこもりの生徒を指導したこともある。小学校からの引き継ぎ情報が明確に残っている四二名については、その指導経緯と結果を論文や著書で示してきた。四二名中、欠席数が最後まで三〇日を切ることのできなかった生徒は、わずかに四名である。残り三八名は不登校の状態を乗り越えていった。中には通常の学級に戻っていった生徒もあり、また日曜日や休日がなくなれば良いというほど学校生活が楽しくなる生徒も多くいた。

その指導法の中核は徹底した家庭訪問と関係性の構築である。その指導法を「段階的指導法」と名付け、障害児教育の手法を用いた。夜間の家庭訪問では関係作り築くことに努めた。向かい合うことを避けてゲームや工作に引き込んだ。ファミコンでテレビに向かってゲームをして、画面に向かって話しかけることを行った。二人の間に物を入れて緩衝剤として使うことで緊張関係を和らげる。何より一緒に遊ぶこと、楽しむことに心がけた。二人で笑い合う場面が増え、私の目を見て話せるようになっていった。やがて、時間差登校を行うようになり、さらに個室の指導室に連れ込み、そこでのゲームや工作、そして学習活動を行った。そこから彼、彼女と一緒にいられる生徒との共同学習を行い、その上で学級に入れた。やがてその学級で学校生活に適応できるようになると、親学級への交流をはじめた。私は特別支援学級の担任をしていたが、生徒の中には普段は特別支援学級で学ぶが、学校行事や授業によっては通常の学級で学ぶ場合もある。その場合に特別支援学級に在籍しながら通常の学級で学ぶ場を「親学級」と呼ぶ。障害児教育の交流学習の方法を用いた。当然、こうした指導法を行うためには親学級の担任との情報交換を前提としている。そこでうまくいけば生徒を全面的に親学級に戻した。

これが「段階的指導法」であるが、その前提として障害児教育の手法がある。個別のニーズのアセスメント、集団（複数教員）でのアプローチ、発達段階に合わせた学習内容と方法、交流教育のシステム、そして何より生徒に寄り添い、心を開く信頼関係の構築が重要である。そこには、精神医学や心理学の専門家の分析より、関わりの実践を優先する。特別支援学級担任は、「不登校児」を病人や異常のある者とは見ない。それを含めた丸ごとの人間としての関わりを作り上げる。それが教育のプロなのだ。

教師とは、子どもとの関係性を築く専門家であり、医師や心理士とは「病人」や「異常のある者」を分析する専門家である。分析結果をどう生かすかは、結局その子と教師の関係性にかかっている。不登校のキーパーソンは、教師であって医師や心理士ではない。それが私の結論である。

インクルージョンの視点からは、不登校は学校・教師による排除と考えられる。人間関係を作ること、楽しく分かりやすい授業を行なうこと、一人ひとりの努力を認め褒めること、生徒たちとの親和的な雰囲気の学級をつくること等、生徒が学校に行きたいと思える環境設定を学校と教師が行なうことが最優先である。学校に来て学ぶことが楽しいと思えるようになれば、生徒は休まない。それを作り出せないのは学校や教師の責任なのだ。特に、環境設定で言えば、教師が子どもを排除している、不登校の原因となっていることも少なくない。不登校こそ、障害児教育の最も得意とする分野なのである。

障害の概念は、障害のある人の現状をただ解釈したり、まして否定的に見たりするものでもなく、よりよい方向に社会を変えていくためのものでなければならない。このような障害を社会全体の問題とする障害観の転換という障害をインクルージョンの問題から考えたり、不登校を社会自立のための多様な選択肢として受け止める国際的な考え方は、単に障害の問題に限定されるものではない。

不登校についても、このような障害観の転換に照らして考える必要がある。医学モデルから社会モデルへの転換は、障害を個人の問題として社会から切り離したり、マイナスのイメージを付与することではなく、共生社会の実現のために全ての人が助け合い支え合うことを目標としている。不登校を医学モデルから解放し、社会全体の問題とするときに、不登校児に対するマイナスイメージが払拭され、不登校を個人の不名誉な問題とは見なくなってくる。それを障害の医学モデルと社会モデルを照らせばこのようになる。

医学モデル

- 不登校は個人の問題である。
- 病気や心理的軋轢等から直接生ずるものである。
- 専門職の個人的な治療が必要である。
- 不登校への対処は治癒あるいは個人のよりよい適応行動変容である。
- 主な課題は医療であり、政治的には医学的または心理学的ケア対策である。

社会モデル

- 不登校は社会によって作られた問題である。
- 不登校児の学校や社会への完全な統合の問題である。
- 不登校は個人に帰属しない。諸状態の集合であり、社会環境によって作り出されたものである。
- 社会変化を求める態度上または思想上の課題である。
- 政治的には人権問題であり、不登校は政治的問題となる。

最後に、文部科学省が毎年行なっている「児童生徒の問題行動等生徒指導上の諸問題に関する調査」について取り上げたい。様々な「問題行動」を統計としてまとめて報告しており、この中にいじめ、不登校、暴力行為、中途退学等が分類されている。

この統計資料を手にとって見るときに、どれだけの子どもたちが深刻な状況の中を生きているかを思う。一人ひとりの苦しんでいる姿を想像するだけで心が痛む。そこに至るまでにどれだけのことがあったのか、支えるべき大人はいなかったのか、専門機関は何をしていたのか。それを、「問題行動」と決めつける文部科学省の姿勢に不快感を覚える。そのような状態に追い込んでいるのが、学校や教師であり、大人社会ではないのか。「問題行動」を起こした者の個人責任という理解が、このような表現に至らせている。

最近になって地方自治体から不登校専門の学校の設立が検討されているとの報告を目にする。不登校が学校の緊急課題になっていることの現れであるが、不登校児だけを対象にする学校については異論がある。

かつて私は川崎市の中学校の教員をしていたが、あるとき、不登校を考えるシンポジウムが行なわれた。その場には不登校の子どもたちや母親、また不登校を受け入れる「東京シューレ」の教員も参加していて、不登校は学校や教師の問題であると強く批判した。市当局は今後の不登校対策として、「健康学園」という学校を立上げ、専門スタッフをおいたきめ細やかな指導を行なうと発表した。

私は意見を求められ、不登校児を対象にする学校の設立に反対だと述べた。理由は①障害児を通常学級へというインクルージョンの考えから、不登校児だけ取り出す指導が適切であるとは思わない。②少なくとも通常の学級の児童生徒との交流や共同学習が必要になる。③そもそも不登校児は不健康な子どもたちなのか、という理由からであった。

川崎市では学区の中学校内に「適応指導教室」を設置して対応しているが、実績はあまり上がってはいない。通常学級からの取り出しではなく、交流そしてやがて通常学級への戻しへの過程を考えるとき、かつて私が実践してきたような一時期は特別支援学級で学び、児童生徒の状況を見ながら少しずつ交流によって通常学級に通うシステムが有効化と考える。

不登校は病気や障害ではない。寄り添う教育こそが求められるものではないのか。

3 「発達障害」から「不適応人間」へのレッテル

分類とは、一つの計測法であり、現象が一つの類型として特徴づけられるかどうかを判断する行為を指している。そこには科学的な妥当性があるかが問われていることは言うまでもない。精神医学を批判する人々は、この妥当性を問い続け、精神の病気は人間の持つ様々な困難さとは決定的に異なるものであるのかと。社会学者のシェフは、精神の病気を「残り物のカテゴリー」と呼び、一人の人間の行動を他の人の説明を受け付けない時に利用される、大衆と専門家の両者によって使われるラベルであると考えた。シェフによると精神の病気は科学的、医学的概念ではなく、俗な概念、または価値判断であるという。

そもそも精神障害は「扱いの偏り」「社会的受容の低さ」が古くから常に根強かった。それに対して、学会は精神障害は個人に起こるものであること、「内的な機能不全」があると定義することによって、科学的該当性を主張している。

だが、問われるのは、精神障害が普通の人の気分の問題を医学の問題と置き換えられるかである。人の気分には、様々な態様があり、それを生み出している背景もある。

それらを一括りにして、「脳の機能障害」の分類に当てはめることができるのか、ということである。気分的な問題をすべて精神障害に当てはめることができれば、すべての人が何らかの精神障害を持つことになる。ありふれた日常の悩みが精神障害となってしまうのは「日常のふるまいの病気化」である。普通の人を病人に仕立てることが、精神科医によって行われているということである。

ここまで一般の精神障害についてであったが、ここからは発達障害の診断について考えてみよう。特に障害児教育の歴史を語るときに、欠かすことのできない三つの報告がある。一つ目はイギリスの「ウォーノック」報告、二つ目は日本の国立特殊教育総合研究所の「教科学習に特異な困難を示す児童生徒の類型化と指導法の研究」、三つ目はスペインで行われた「特別なニーズ教育に関する世界会議」の後に発表された「サラマンカ宣言」である。

この三つの報告書は障害児教育の歴史を塗り替えたと言っても過言ではない。これらは「特別なニーズ教育」という従来の障害児教育から一歩踏み込んだ新しい教育概念をつくり、障害児観を変え、教育のシステムの再構築を図るに至ったからである。

一九七八年イギリスのウォーノック委員会は、教育調査の結果、子どもたちの一九％が特別の教育的ニーズを持っていると報告された。五人に一人の割合である。報告書の重要な点は次の通りである。

①子どもの課題は、子ども自身の問題と見るのではなく、子どもを取り巻く環境の整備に焦点化すること。

②障害児と普通児間に決定的な境界線は引けず、連続線上のものとしてみること。

③できる限りインテグレーションをめざすこと。

この提言は多くのことを私たちに教えている。障害の観点ではなく、教育的ニーズの観点で子どもを見ること。子ども自身の問題としてみるのではなく、環境を整えることこそ大切であること。そして何よりも障害児と健常児の間に決定的な境界線は引けず、連続線上のものとして見ることという視点である。医学や心理学は分けて診断をするが、教育学的には明確にはけられないという視点を持つことの重要性を提言から知らされる。

一九九二年に発表された国立特殊教育総合研究所の「教科学習に特異な困難を示す児童生徒の類型と指導法の研究」は、日本にはＬＤ（学習障害）の子どもたちがどれくらいいるか、また学校ではどの様に対応されているかの調査研究であった。重要な点のみを記す。二学年以上の遅れのある子は、最大値で小学五年生の九・四五％であった。通常の学級の一割の子どもたちが何の手立てもなく放置されている。これは学習面の遅れのみの調査であるが、これに社会性、行動面が加味されたらどの様な結果になるのだろうか。

一九九四年スペインのサラマンカで開催された「特別なニーズ教育に関する世界会議」の最後に「サラマンカ宣言」が発表された。その概要について重要な点のみ以下に示す。

①すべての子どもには他人にはない特徴、関心、能力と学習ニーズを持っている。
②個々のニーズを考慮した教育システムの構築を行うべきである。
③通常の学校は特別な教育的ニーズのある子どもたちに開かれていなければならない
④インクルージョンの理念を持った学校は、差別的態度と戦う。

障害児教育の基本的考えを転換させたこの三つの報告は、障害の枠組みを超えて、特別な教育的ニーズのある子どもたちを探り当てた。単に障害の枠では括れない子どもたちに焦点を当てただけでなく、そもそも障害と健常の境界線のあり方への疑問を提言したものである。そこから発達障害の子どもたちへのまなざしとその対応や、「分けない教育」のあり方が提言されるようになった。

日本では、二〇〇三年「今後の特別支援教育の在り方について」が出され、特殊機養育から特別支援教育への転換が図られることになった。その目玉は、特別な教育的ニーズの子どもたち、すなわち発達障害の子どもたちである。従来の障害に加えて、発達障害（LD、ADHD、高機能自閉症）がその教育の対象となった。日本の教育界で発達障害がようやく日の目を見ることになったのである。

発達障害の子どもたちがどれくらいいるのか、調査（二〇〇二年）が行われた。通常の学級にいる子どもたちの割合は、六・三％であり、その一〇年後の調査でも六・五％であり、その一〇年後の二〇二〇年の調査では八・八％と増加している。

この調査は全国五地域の公立小学校、中学校の通常の学級に在籍する児童生徒四万一五七九人を対象としたもので、担任教師の回答した結果であり、医師による診断ではないことから、調査結果はLD、ADHD、高機能自閉症の割合を示すものではないと留意事項に記載されている。だが、この数字は発達障害の児童生徒数を示す根拠として一人歩きをしている。日本初の全国調査であり、文部科学省の実施調査であったことが、この数字の信頼を得たと思われる。

調査の実施主体が担任教師であり、発達障害に関する事前研修などを受けないことを考慮すれば、この調査の曖昧さは明らかである。個々の教師の教育観、児童観・生徒観、学校の地域性によって、調査結果は大きく変わることは想像するに難くない。子どもへの評価も一律ではない。学校で様々な問題行動をする児童生徒を厳しく指導する教師と、その子の家庭環境や生育歴等の背景を知る教師では、おのずと評価が分かれることになる。同じ事例でもマイナス評価とされるケースも、普通評価されるケースも出てくる。文部科学省は一人の教師の評価ではなく、複数の教師による評価を求めているが、落ち着いた学校では些細なことでもバツになれば、荒れた学校では多少外れてもマルということもある。要するに、この調査は教師の主観に依るところが大きく、それほどの客観性はないということになる。だが、文部科学省により既に公表された数字は、多くの教育関係者にとって周知の事実となっている。

発達障害が曖昧な調査によって生まれたものであることは明らかである。そしてその受け皿や教育システムを全く構築せずに教育現場に丸投げしたことにより、通常の学校・学校から排除が起こり、特別支援学校・学級の過大規模化が今も危機的な状態になっている。

学級で手のかかる子どもたちが、「発達障害」の診断書を理由に弾き出されている。一〇年前に比べて、障害児教育を受ける子どもたちの割合は二倍に膨れあがっている。実際に特別支援学校の子どもたちを見てきたが、彼らが通常の学級や特別支援学級でやれないのかと思う子は多い。

学校現場は、発達障害、不登校、外国籍、虐待等の子どもの多様性や、いじめや非行などの課題があり、加えて保護者の強い意見や教員が多忙な中で、教師自身が疲弊している。その中で手のかかる子どもはできるだけ外に出したいと思う気持ちは分からなくはない。だが、発達障害の子どもたちを学級から追いやることとは別の問題であろう。

発達障害への対応は厳しい面のあることは十分知っているつもりであるが、あまりに多くの子どもたちが特別支援教育への流れに乗ってしまうことに強い違和感を覚える。本来、発達障害が見つかった場合には、適切な指導や居場所が与えられ、そのことを十分に配慮した学校システムの中で適応が図られるものであるが、実際はそのような取組には至らず、診断結果を持って特別支援教育の領域に押し出されていく。そして、一度貼られた発達障害のレッテルは、生涯その子や家族を苦しめる結果になっている。

そもそも発達障害は、障害なのだろうか。私は大学の授業で、文部科学省の実施した調査書を学生たちに示して、自分にも該当するものがあるかを確認させる。中には半分は当たっているから、自分は発達障害なのかと悩む学生も出てくる。私はインクルージョンの考えを根底において授業を進め、障害と健常は分けられないこと、敢えて言えば人は全て障害者であることを強調しているため、発達障害は人間の傾向性の一つと説明する。

日本では障害は差別や排除の対象にされる社会的土壌がある。あえて発達障害を「障害」と命名した学者たちの良識を疑う。おそらく発達障害が教育界のみならず社会全体で重大な課題となっていることへの反省があるのではないか。診断された者は排除や差別を受けているという現実問題に触れたからと推測される。今頃になって、「発達凸凹症候群」とか「発達アンバランス症候群」等という学者がいる。発達障害のラベリングは、多くの子どもたちやその保護者に、また大人たちに混乱を招いている。特に学校現場ではその対応に負われている。不登校でもそうであったが、少し変わっている人を、あえて「発達障害者」と断定する意味は何か。差別と排除によって生み出されている発達障害を社会全体で考えるべきである。人を「病人」や「異常者」の枠に押し込むことより、変わっていても迎え入れる社会の在り方についてみなで考えるときではないのか。

ある著名な精神科医が、映画「男はつらいよ」の主人公「寅さん」についてコメントを新聞に載せた。実際に人と上手に関わりが持てなかったり状況判断が苦手な人が身近にいたら、みんなが迷惑するだろう。それは発達障害の類型で分析した医師の診断であった。私はその文章を見て、こんな精神科医が身近にいたら嫌だなと感じた。多少変わっていても同じ人なのだから、付き合っていこうよとなぜ言えないのか。この冷徹な精神科医はそんな風に人を分析し診断する。「釣りバカ日誌」の寅さん同様に人付き合いが苦手な人「ハマちゃん」についても、普通人とは変わった生き方の故に発達障害の観点から見る専門家がいる。確かに、寅さんやハマちゃんが身近にいたら何かと気になるとは思う。しかし、とりわけ変な人、変わった人と見れば、その印象が周囲へと伝わっていく。誰かが、「それでいいよ」と受け止めなければ、人への偏見はやがて差別になり、排除となり、その人の居場所を失わせることになる。

私が中学校で特別支援学級の担任をしていたとき、知的障害で自分ことがなかなかできない生徒が学級にいた。一言で言えば、「グズグズ」なのだ。彼が何かをはじめると皆が嫌がった。それは彼の性格であり、能力であったのだ。みんなは彼が何かを行う動作を見て、またグズグズものを言いはじめると、露骨に顔をしかめて彼の周囲から離れていった。しかし、学級にいた大柄な女の子は、そんな様子を見ていつも「まあまあ」と周囲をなだめた。彼女の執り成しがあったために学級で彼は孤立しないですんだ。

周囲に迷惑をかける人に対して、「まあまあ」と言って雰囲気を変える人が、集団には必要なのだ。私は本来私がするべき仕事を彼女がやってくれたことに感謝していた。社会には分析をして集団から追い出す人もいるが、つなぎ止める人の存在がいかに大切かを思う。もう四〇年も前になるが、私は彼女のことを忘れたことはない。私自身の目標なのだ。子どもは大人の目標であり、お手本であることを私は学んだ。

私は発達障害を考える度に、思い出す人がいる。青い芝の会の横田弘さんである。神奈川県教育委員会では毎年団体の要望を聞く機会があり、横田さんは障害者の立場からの要望を主張し、私は行政側でそれに答える立場であった。協議の中でＡＤＨＤ（注意欠陥多動性障害）が出て、それについて私がアメリカの精神疾患の分類と手引き（ＤＳＭ）を用いて説明をすると、すぐさま横田さんはこう言った。「注意欠陥多動性障害なんて、そんなものを障害というのか。そんな障害がつくられたら、次から次に新しい障害がつくられる。障害とはそんなものではない」と。

彼の主張は明白であった。重度の脳性マヒで、移動や食事等の身辺自立のできなく、その中で障害者の生きる権利を戦ってきた横田さんは、発達障害をつくった社会を鋭く批判した。

私は発達障害を考える度に、教育委員会のあの部屋で、横田さんの語ったことことを思い返す。その先を言わなかったが私には分かっていた。障害者とは俺のような者を指すのだと。そして自身が障害者であることに誇りを抱いていたことも。障害者は人から憐れまれるようなものではないのだ。

社会で受け入れられない人を受け止めるものであったはずのものが、実は社会から弾き出すためにつくられたもの、それが発達障害の正体ではないのか。

発達障害の児童生徒の増加に対応する支援が極めて不十分であることが報告されている。通常学級に在籍する特別な支援を必要とする発達障害の児童生徒に学習の場として「通級指導教室」が急増しているが、希望してもすぐに入る級できるわけでもなく、また通級指導担当教員でも特別支援学校教諭の免許を持たない者も多く、専門性に欠けると指摘されている。

一方で、障害のある者もない者も通常の学級で学ぶべきであるという「インクルーシブ教育」が国際的な主流となってきている。この課題にどう対応するのか。発達障害の児童生徒数の急増は、人間の持つ多様性が社会全体に受け入れられるようになってきたということなのか。それとも排除の構造の拡大と考えたら良いのであろうか。

既に見てきた不登校や発達障害の児童生徒の急増問題は、従来の学校のあり方への批判や新しい教育システムを要求している。ここで問われているのは児童生徒一人ひとりの教育的ニーズを見据えた教育の構築である。それは従来の画一的一斉指導的な教育からの脱却を意味している。私は従来の教育の転換を担うのは障害児教育の理念と方法論と考えているが、それには相応しい人材、専門性、予算が求められている。そのことが可能であるのか。

また、文化の統一や市民社会の相互理解のためには、普遍的な教育課程が必要となる。それが従来の教育の根底にある考えであった。だが、個別の教育的ニーズが前面に出ると、普遍的な教育課程は大きく変わっていくことになる。

私たちは教育についても大きな曲がり角に立たされている。

3章　教育に刷り込まれた優生思想

障害者差別はなぜなくならないのか。それどころか津久井やまゆり園事件のように障害者の大量殺戮が、なぜ起こってしまうのか。ナチスが起こした障害者の断種・不妊手術そして二〇万人にも上る大量殺戮が、規模こそ違え、現在の日本の中で起こることの恐怖。犯人は、重い障害者は人を不幸にするだけの存在だと決めつけ、犯行を決意したという。その背景には、その事件は多くの人の賛同を得るもので、日本を救うものであるとまでうそぶいている。このような事件の犯人像からは、その場の一時的な判断や刹那的な思いつきで説明できるものではない。むしろ長年にわたる障害者差別の実態を社会や無批判に受け入れてきた結果であり、また刷り込まれた優生思想が引き起こしたものと考えるべきだろう。

障害者の人権侵害を放置してきた学校の責任は大きい。また短期的には犯人が勤務していた施設での障害者に対する誤った理解や、職場内で起こっていた障害者虐待などの目撃によって、実際の犯行に駆り立てられたと考えられる。しかし、同時に問わなければならないのは、長期にわたって教育に刷り込まれた優生思想が、犯人の中に蓄積されていったことを問わないではいられない。

犯人は学齢期を通して障害者に接したり、障害者について考える時期があったに違いない。そうでなければ教育実習をして教員になろうという将来像を描かなかっただろう。教育実習には特別支援学校の教育実習も含まれ、そもそも教育学部に在籍するなら障害児教育概論程度の知識はあったはずである。そうであれば、今まで受けてきた教育や授業の中で、障害者について考える機会は一般の学生よりはずっと多かったに違いない。犯行に及ぶ前に彼を引き留めるようなものがなぜ存在しなかったのか。義務教育や高校教育、そして大学教育の中で、障害者差別について語る教員はいなかったのか。

津久井やまゆり園事件は、障害者に限らずどんな人もどんな段階でも人は成長するものであり、それを支えるのが教育であるという意味で、教育の否定である。同時にあのような犯行を起こした犯人に障害者との共生を教えてこなかった教育の不在である。二重の意味での「教育の否定」なのだ。また後段で詳しく述べるが、犯人個人の意識だけが問われるものではなく、一般教員の事件の受け止め方に事実とは到底思えない世論調査の結果が出ている。そこが犯人個人の教員養成の段階で、決定的なものが欠落していたと考えざるを得ない。それは人権教育であり、福祉教育であり、人の生き方の教育である。何をどう考えるかは、社会人になった時に自分はどう生きるかの生き方の根幹となるものである。その部分が教育期間に育成されなかったとしたら、それこそが教育の失敗である。

もちろん、現在の教育で障害者が健常者より一段劣った人間であるとか、社会の中で役に立たない人間であるということを述べる者はいないと信じたい。むしろ、道徳の授業などでは障害者を理解して支えようという内容もあり、総合の時間などで地域の障害者施設に出かけて交流を図る取組が行なわれている。その点からすれば、教育は障害者に目を向かせけ、共生社会の実現に大きな役割を果たしており、状況は大きく前進しているといえる。

だからこそ再度、なぜ障害者差別はなくならないのかと問う必要がある。

私は、そもそも障害者差別がなくならないのは、今までの教育の中に優生思想が色濃く刷り込まれていたからだと考える。差別は、人権尊重の思想やその意識の高揚によって、少しずつ改善されてきた。それは表面の地層を一枚ずつ剝がしていくような取り組みである。一度に大量の差別問題が一気に解決するわけではない。障害者差別はそれだけ人の心の奥底に何重にもなって取り憑いている黒くて重い地表なのだ。

どのようにして、教育の中に優生思想が割り込んできたのか。いつくかの例を挙げる。

1　障害の呼称

日本の教育は健常児を中心にまた優先的に進められてきた。それは私自身が生涯関わってきた障害児教育の中で身をもって体験してきたことである。また大学教員として世界の障害児教育やその歴史を学んで、世界でも健常者中心の教育の流れが主流であり、障害児教育は教育の片隅に置かれたものであることを知った。

ここでは何例か上げて実証する。パリ施療院は貧者救済を目的に建てられたものであるが、それはおよそ六〜七世紀のことである。その一角で障害児の教育が行われた。歴史を経て障害児教育に光が当てられるようになるが、依然としてその中心は盲者・ろう者の教育が中心であった。知的障害や肢体不自由の児童生徒に対する教育はずっと後になる。

日本の西洋の障害児教育が初めて知らされたのは、一八六七年福沢諭吉がヨーロッパへの旅行で知った、唖院、盲院、癩院、痴児院について紹介したことである。同年に公布された「学制」には、「廃人学校アルヘシ」と記載され、日本にも障害者の学校をつくる必要性が描かれている。当時、日本には障害者施設はまだ存在せず、貧困者を対象にした救護施設の中に精神障害者が収容されていた。一八七二年設立された東京市養育院には、精神障害者五名が含まれていた記録が残っている。

一八八五年内村鑑三は、アメリカペンシルベニヤ州の白痴学校で七ヶ月間看護を行なったという記録が残されている。日本人が初めて障害者施設に触れた事例である。内村は後に、「白痴」という目新しい言葉を紹介したものとして、「白痴は吾人の通常『馬鹿』と称するもの、単数二〇以上を数えることのできない者を白痴と呼ぶ」と述べた。そして、「それは生来の愚人、人間の廃物……是れ白痴なり」と結んでいる。当時はまだ「白痴」という言葉が馴染んでいない時代である。キリスト者であった内村も、障害者の理解や人権には疎かったことが分かる。当時の人権感覚や、聖書に出てくる障害者の癒やしの場面をインクルージョンの観点から読む込む視点に欠けていたからである。

信濃教育史において、知的障害を示す言葉がいくつも登場する。一八八八年松本尋常小学校では、「劣等児学級」が設立され、一八九六年長野尋常小学校では、「鈍児学級」が設置され、同年、長野尋常小学校では「晩熟生学級」が開設された。一九〇七年の教育雑誌「信濃教育」に、「低能児学級」についての記載があり、低能児とは厳しく指導しても成績が向上しない児童のことであると記している。

知的障害児をこのような呼称で読んでいた歴史がある。その一方で、早くから障害児教育への熱意を持った教師たちがいたことも知られる。だが、呼称はいずれも差別的で偏見に満ち、このような呼称の学級に子どもたちが喜んで通ったであろうかと思われる。

ちなみに、「低能」という言葉は、東京帝国大学医科大学で精神病学室の教授であった片山國嘉によって考案されたと言われている。やがてこの言葉は一般社会でも使用されるようになると、「馬鹿」「間抜け」の同意語として用いられるようになった。「盲人」は目の機能のない人、「聾者」の聾は龍の耳を持つ者の意である。龍は大嵐で雷が落ちてくる中を勢いよく天に駆け上る架空の動物であるが、大きな耳が付いている。あのような天候にもかかわらず天に昇れるのは、耳が聞こえない、という想像が生んだ言葉である。いずれも差別と偏見に満ちた言葉である。

特別支援教育が開始されると、障害種別の学校名も自治体によって変更された。「盲学校」を「盲特別支援学校」や「視覚障害特別支援学校」などと呼び、「聾学校は「ろう学校」と平仮名表記に偏向したところもある。

障害の名称一つとっても、障害児教育とは、差別と偏見に満ちたものであることが分かる。今日では、特別支援学級の名称も「たんぽぽ学級」「スミレ学級」、また教員の名字をつけた名称が多い。聞いただけで障害児の学級とは連想できない配慮がされている。それだけ障害児者への偏見が強く残っていることを示している。

さて、日本の障害児教育でも、盲教育、ろう教育が先行し、知的障害、肢体不自由の児童生徒への教育の整備や学校設立が大きく遅れている。何が原因となっているのか。そこにあるのは知的障害があるか否かである。障害児教育を「廃人教育」とうたった日本の教育には、教育の社会的有用論が根底に置かれている。教育の結果、社会に役立つ人間になるか否かの判断によって、どの教育を優先させるか、放置しておくかが決まる。なぜ知的障害や肢体不自由の児童生徒への教育が軽視されてきたのか。肢体不自由の約八割に知的障害を併せ持つ子どもたちである。逆に盲者、ろう者は視覚聴覚だけの単一障害者が多く、知的障害は少ない。このために盲学校やろう学校が早くから教育を行ってきたが、知的障害、肢体不自由の学校は一九七九年の「養護学校義務化」まで伸ばされた。背景には「社会に役立つ障害者観」がある。盲教育、ろう教育が優先された理由は、健常者に近い者、点字や白杖歩行、口話法や手話という視聴覚を補うものがあれば健常者として社会に有益であり、貢献できるという優生思想が根付いている。

もう一点指摘しておきたいことは、障害児教育における言語の意味である。「人間の言語」の持つ意味は特に西欧において非常に重い。それは人間の言語は神から与えられた特別なものという認識があるためである。中世のカトリック教会では、言語のない知的障害者、精神障害者、ろう者は教会に入ることは許されなかった。聖書の一節、「人は心で信じて議とされ、口で公に言い表して救われる」（ロマ書一〇章一〇節）の一文に強く拘ったからである。この聖句は二千年前の障害が何たるかを知らないパウロの言葉である。

手話やジェスチャーができたとしてもなぜ障害者が教会に入れなかったのか。カトリックの教会法では、理性のない者は洗礼を授けてはならないとしている。つまり、理性ある者は言語のある者であり、知的障害、ろう者には洗礼が拒絶されていた。しかし、宗教改革者のルターは、「洗礼は神の事柄であり、人間の考案工夫によるものではない」（大教理問答書）と主張して、知的障害者、ろう者の洗礼が認められるようになったという史実がある。宗教が深く障害者差別に関わってきたことを示している。

私は牧師であるが、キリスト教のこのような障害者差別を見るときに、宗教とは何かと新たな視点から問わざるを得ない。そしてそれは過去の出来事ではなく、現在も引き継がれている事象であるからだ。私はキリスト教会に所属する身であるが、教会が犯し続けてきた障害者差別に厳しく向かう合うことが求められている。

障害児教育がその出発点から、差別と偏見、そして排除に満ちたものであり、その歴史の中に刷り込まれてきたことを理解しなければならない。そうしなければ、障害者差別はなくならないし、津久井やまゆり園事件のようなことも起こるのだ。

では、教育界で障害や障害児教育への差別や偏見、排除は、今日では一掃されたのだろうか。

否、否、三度否である。それは過去の出来事ではなく、今日でもとんでもない差別が教育現場で起こっている。

教育県として知られる長野県でも、障害者への差別や障害児教育への無理解が色濃くにじんだ歴史がある。明治五年の学制の施行によって、子どもたちの教育が奨励されると教育に重点を置いた政策がいち早く取られた。その結果長野県の就学率は明治九年六三%で全国一位であった。長野県信濃教育会という教育組織が一丸となって取り組んだ結果である。そのような背景を持つ長野県の特殊教育は全国に先駆けて、極めて先進的な実践を重ねていった。特に知的障害児の教育は、長野県から始まったと言っても過言ではない。

健常児の教育が主流である日本の教育界で、障害児教育に転身していった長野の教師たちが一様に苦しんだのは、障害児教育へのあまりに低い評価であった。障害児教育は二級の教育であり、優秀な教師は敬遠するものという風潮があった。『長野県特殊教育史』（長野県特殊教育百年記念事業会、一九七九）の中には、盲学校の教師が縁談を断られた、ろう学校の校長になったことを親族に報告した際、不名誉なことだから直ちに断って普通学校に異動するように説得されたという記事が載っている。障害児の教師は出世を諦めることが求められたのだ。今から百年近く前の出来事である。

障害児の教師に対する差別は過去の出来事なのか。今から五〇年近く前、私が中学校特別支援学級の担任をはじめて間もない頃、一人の女性教師の話を聞いた。彼女は、ある特殊学校の授業を見学してから生徒の人権を尊重した教育をするべきと考え、悩んだ末、自分が特別支援学級の担任になることを希望した。ところが管理職は「貴女が特別支援学級の担任ではもったいない。もし特別支援学級の担任になれば結婚もできなくなることもある」と言ったという。彼女はさらに悩んだ末、大きな決断として特別支援学級担任になった。結婚は諦めるしかないと思ったという。実際には彼女は結婚し、二児の母親になったが、障害児の教師が置かれている位置は百年前とそう変ってはいない。過去のことではないのだ。

2 「わが国の特殊教育」について

私の手元に、「わが国の特殊教育」と題した冊子がある。一九六一年に文部省から発行されたものである。一九五九年七月に当時の松田文部大臣が中央教育審議会に対して、「特殊教育の振興について」の諮問を発した。その報告がこの冊子であり、今後の日本の特殊教育のあり方を具体的に示すものとなった。この中で障害児教育の場の拡大のために特別支援学級や養護学校の設置に積極的に取り組むべきことが記されている。当時としては、画期的な内容であると思われていた。

ただ、根本的な問題がここには横たわっている。障害者差別の思想、優生思想が極めて色濃く残っている。文部省は後日、この冊子の存在そのものを隠そうとした経緯がある。

私がたまたま入手できたのは、全くの僥倖であった。

ではその差別内容を見てみよう。

「特殊教育の使命」の小見出し「特殊教育の場所は別に」の中にこう書かれている。

「五〇人の普通の学級の中に、強度の弱視や難聴やさらに精神薄弱や肢体不自由の児童生徒が交じりあって編入されているとしたら、はたしてひとりの教師による十分な教育が行なわれ得るものでしょうか。特殊な児童・生徒に対してはもちろん、学級内で大多数を占める心身に異常のない児童・生徒の教育そのものが、大きな障害を受けずにはいられません」「五〇人の普通学級の学級経営を、できるだけ完全に行なうためにも、その中から例外的な心身の故障者を除いて、これらとは別に、それぞれの故障に応じた適切な教育を行なう場所を用意する必要があるのです。」「特殊教育の学校や学級が整備され、例外的な児童・生徒の受け入れ体制が整えば、それだけ小学校や中学校の、普通学級における教師の指導が容易になり、教育の効果があがるようになるのです。」

障害のある子どもたちのために教育的な整備をする意図は理解できる。だが、どう考えても、ここにあるのは普通学級の教育的効果が上がるという普通教育優先の思想であり、普通学級から障害者を追い出すという排除の考えが見えている。文部省の養護学校や特別支援学級の設置を推進する根拠が「障害児の排除の思想」を基盤としている限り、それは障害児のためでなく、また健常児のためでもなく、差別や偏見を社会全体に植え付けることになっていく。養護学校や特別支援学級の設置は、ひとえに障害児の教育的ニーズに基づいている。障害のある子どもたち一人ひとりに合わせた教育が望まれることを理解しないで、通常の学級からいなくなることが健常児のためになると言い切る姿勢に怒りを覚える。これは、一人の学者の見解ではなく、日本国の文部省の基本的な考え方であることを私たちは肝に銘ずるべきである。

「精神薄弱児の教育」の項にはこのような一文が載っている。

「自分のことは自分で始末ができ、他人に好かれ、他人と協調しながら働くことのできる精神薄弱児、役に立つ精神薄弱児への育て上げが可能となります」

「精神薄弱児の特殊教育がねらうのは、自分のことは自分ででき、他人に迷惑をかけずよく協調し、単純な仕事ではあるがそれをきまりどおりに行なうことによって、少しでも他人のためになる精神障害者の育成です」

「他人に迷惑をかけない障害者の育成」「他人に役立つ障害者」、ここには障害者自身の生き方や幸せという発想や理念がない。かつて障害児教育に横行した「愛される障害者像」が見えてくる。他人に好かれること、他人に迷惑をかけないこと、それらが障害者の理想像であった時代がある。そのために他人に嫌われる悪癖をなくしたり、大声で挨拶するなどの教育活動が学校で行なわれた。他人と関わりたくなかったり、大声が出せない内気な子たちのことなど全く考えない集団指導を教員が行なっていた。だが、やがてこのような「愛される障害者」教育は、障害者自身の意向や主体性の無視した教育という批判の中で消えていった。

「精神薄弱の教育」のなかに次のような表現がある。

「知能の高低は、いわば人間社会では背丈やその他の心身の特徴と同じように、自然に条件付けられたものでなので、千人の中の何人かが背丈が低く生まれつかなければならなかったのと同じ意味で、だれかが知能が低く生まれつかねばならないめぐり合わせであったと考えるべきでしょう」

「精神薄弱の出現率はすでに述べたとおり、四・五％ですが、ここに百人の母親がいて、その母が一人ずつ子どもを持つとすれば、その百人のうち、誰か分からないが、四、五人は精神薄弱の母とならなければならないのです」

「しかもその精神薄弱の生まれる原因が、決して遺伝とは限らないのですから、自分の家に精神薄弱が生まれてこなかったことは非常に幸せだったと思わなければならず、同時に、精神薄弱児を持つ家庭に対しては、だれかが背負わなければならぬ荷物を負担してくれたものだという態度で援助し、激励するのが好ましいことでしょう」

障害者は社会のお荷物という発想がここには見える。自分たちが生きる空間にはあってはいけないものであるという差別観をはっきりと見て取れる。障害の原因を遺伝であるとも取れる表現は、遺伝による障害者の抹殺を実行したナチスの優生思想を想起させる。「障害者は人を不幸にする」。これは相模原の津久井やまゆり園で起きた障害者大量虐殺事件の犯人が語った言葉である。彼は大量殺人事件を起こす前に国宛てに手紙を書いた。障害者抹殺は、日本国と世界のため、公益を守るためで正義に基づくものだと述べている。自身のこのような英雄的な行為に対して国は特別な報奨金を出すべきであるとも述べている。彼が「わが国の特殊教育」を読んでいれば共感していただろう。

この「わが国の特殊教育」は、それほどの障害への差別感で満ちている。繰り返し言うが、これは日本の文部省の正式見解である。のちにこの冊子が人目にさらされることのないように焼却処分にしたという。一九六一年は今から六〇年前のことである。

文部科学省の「わが国の特殊教育」は教員はもとより、多くの保護者も目にしたであろう。教育政策は、これからの日本社会の構成員を育成するための最も重要な政策である。その中心的な考え方や哲学が、障害者差別論や障害者排除論で語られる愚かさ。ここに見えるのは、健常者に迷惑をかける障害者は排除して当然という、優生思想そのものである。健常者の教育が最優先される。国づくりの中心である文部省のこの差別観が、今日の「差別大国日本」を作り上げたのではないか。

3　普通学校からの排除

二五年ほど前、三重県に住む全盲の少女が、友達と一緒に小学校に通いたいと地域の校長に転学を申し出た。盲学校は学級に彼女が一人だけで、大勢の児童のいる学校に変わりたいと願い出たのだ。しかし、小学校はかたくなにこれを拒んだ。NHKドキュメント「おりえの願い」（二〇一七）の映像に流れた校長とのやりとりが鮮明に残っている。涙ながらに訴えた少女に対して、「認められない」「あなたがいると勉強が遅れて迷惑だと保護者たちが言っている」と校長は言った。冷やかにそう述べた校長は、後を教頭に任せてその場を離れていく。少女の涙の訴えを切り捨てた象徴的な場面がある。校長一人で決断することは当時としては難しいかもしれないが、少女も母親も必死で訴えている。交流の時間を増やすなり、保護者会で理解を求めるとの対応は取れなかったのか、結果はともあれ少なくも少女の思いを受け止めることはできなかったのか。全盲の少女の涙とふんぞり返った校長の態度が対照的であった。私はこの場面を見て、平然と拒絶する校長が、「わが国の特殊教育」を国内に示した文部大臣の顔と重なって見えた。

ドキュメンタリーの中で障害児差別に対する元盲学校担任の訴えが述べられている。ただ、長く障害児教育に携わってきた私の意見として、学級に一人しか児童がいないので仲間がいないことが小学校への転学の理由であるという点に引っかかる。一人だけの児童の教育で、ここを離れたくないと思わせるような教育活動がなぜできなかったのか。盲学校は何をしていたのか。児童生徒がこんな楽しい指導を毎日受けたいという取組や工夫ができなかったことを疑問視せざるを得ない。特別支援学校・学級に在籍する児童生徒たちの中から、不登校の子どもが何人も生じている例を知っている。楽しくなければ障害児学校や学級ではない。私の知る特別支援学級では、不登校の生徒が立ち直り、「学校のお休みがなくなればいいのに」と言った。また「ことばの教室」で学ぶ児童は、週一回の授業ではなく、毎日ここに来たいと懇願する。教員とは子どもとの関係性を築ける専門家なのだ。教員とは、指導力がすべてであるが、その前提として子どもとの信頼関係がなくてはならないものだということを忘れてはならない。ちなみにこの少女は中学校での在籍が認められ、高校、大学、大学院を経て社会福祉士になっている。今日では、全盲の単一障害の児童生徒が通常の学級に在籍するのが当たり前のようになっていて、盲学校やろう学校の義務教育段階の児童生徒は極めて少人数になっている。彼女はその道を切り開いたパイオニアである。

私はこのビデオを大学の学生たちに見せる。学生たちは通常の学校への登校を涙ながらに訴える彼女の姿、そしてその少女を冷たく切り捨てる小学校校長の傲慢さを対照的に捉えている。いつの時代でも苦しむ者が、先陣を切って道を切り開いてきたことを知る。学生たちには自分たちが教師になったら、どうすべきかを考えてもらいたい。

インクルーシブ教育が進んできた結果、全盲の子どもが通常の学校に通うことができるようになってきたが、教育の根底にある障害者差別論、優生思想がこびりついた日本社会の姿がそこに見える。

私が中学校の特別支援学級の担任になったとき、校長から読んでおくようにと渡されたパンフレットがある。特別支援学級の目的と歴史が記されたものであった。よく読んで教育活動に当たるようにとの校長の意図であった。

だが、私はそれを見て愕然とした。文字通り驚いた。そのパンフレットの表紙には、「特学級開設に向けて」という大きな見出しの下にこう書かれていた。「価値なき者への愛を」と。副題がそれでは中身は読まなくてもおおよそが見当がついた。実際に確認すると文章の随所に、「無価値な存在に大慈の心を」とか、「能力なき者への助けを」などの言葉が見える。私はすぐに校長室に行って、「こんな人権侵害の文書を学校が保存していること自体が、人権問題を軽んじている学校と見なされる」と詰め寄った。校長は来たばかりの新米が何を言うかと言い、今までの教師にこれを見せても何も言わなかったと怒った。そして、どうしてこれが問題なのかと私に逆に問うた。私は情けなくなった。でも言わなくてはならない。障害のある子どもも通常学級の子どもと同様に一人の人間として大切にしなければならない、と。障害児は無価値で可哀想だと哀れまれる存在なのかではない。この子たちを社会の一員として世の中に出す使命を学校は担っている。障害者を馬鹿にすることは許されない。私は煙たい存在と思われたのだろう。その後、校長は私を過激な組合員として見るようになった。だが、私がクリスチャンであることを知った教頭は、私を「闘うクリスチャン」と命名し、私を密かに支援してくれるようになった。一九五五年に作成されたパンフレットの中身は、当時の人権感覚がこの程度であることを示している。学校教育の現場で起こっていたことである。教育現場にはこのような優生思想がこびりつき、管理職であっても気がつかない。

パンフレットで苦情を述べたときから四十年以上が経過したが、その間障害児者への差別や偏見、また障害児教育への無理解などを日常的に見聞きすると、障害児教育が日本社会ではまだ市民権が得られない状況にあるのではないのかと思う。本来なくすべき優生思想が教育の根幹に宿っているのではないか。

かつて、旧優生保護法のもとで不妊手術を強制された人たちがいた。二〇二二年二月二二日大阪高等裁判所は、旧優生保護法のもとで不妊手術を強制された人たちが国を訴えた裁判で、この法律が憲法に違反すると判断したうえで、国に賠償を命じる判決を言い渡した。優生保護法は、「不良な子孫」の出生防止という優生思想にもとづき、遺伝性疾患、精神障害、知的障害、ハンセン病を理由とした優生手術と中絶を認めたものであるが、この法律自体が極めて重大な人権侵害であり、提訴期間の二〇年を超えているとの政府の考え方を認めることは、著しく正義・公平の理念に反するものだと指摘した。

この優生保護法の背景には明確な優生思想がある。優生思想は健常者に対して障害者が劣った社会の役に立たないという誤った考え方で、隔離政策、分離政策、不妊手術や断種という劣ったという一方的に診断された種の排斥が行なわれたアメリカをはじめ、ナチス・ドイツでも実施され、現在は福祉の先進国と評価されるスウェーデンでも過去に行なわれた。日本では優生保護法のもと、多くの障害者の人権侵害が続けられた。この問題は教育に携わる者にとって、優性思想に対してどのように向き合ってきたかが問われるものである。

ある新聞の投書欄に、神奈川県に住む女性の投書が載った。そこには投稿者の知的障害の兄が養護学校に通っていて、父が校長から子どもができないように断種の手術を受けるように言われたというエピソードが書かれていた。父は家に帰るなり、その言葉にひどく傷ついたことを娘である投稿者に赤裸々に述べたという。子どもを守るべき立場の養護学校の校長がこんな人権侵害をどうして平気でするのか。障害児学校の校長が断種を勧めるとはどういうことなのか。そのような訴えの投書であった。

日本では優生保護法は一九四八年から一九九六年の長期にわたって実施された。私はその頃、川崎市の教員であり、その後神奈川県の教育委員会に移った。障害児教育を担当し、教育行政で様々な政策やそのための組織の立ち上げに携わってきた。当然、優生保護法の持つ違法性も母体保護法への移行も知っていたし、その法律下で約二万五〇〇〇人もの人々の人権が侵害されたことも知っていた。だからこそ私はその投書を読んで胸を痛めたと同時に、自身のこれまでの行動を振り返らざるを得なかった。教育現場や行政の現場に従事してきた人間こそ。この問題を正面から受け止めてきたかが問われていると思ったからである。もちろん、私は教え子の保護者に断種や不妊手術を勧めるようなことは言ってはいない。それが人権問題であることを理解していたからである。

だが、言葉には出さないが優生思想的に沿う考えを一度も持ったことはなかったのか、重い障害ということでどこかに排除的な思いや蔑みはなかったのだろうか。自分の前から障害者が消えて欲しいと願ったことはなかったのか。これまで私が出会った強度行動障害の子や重い精神障害の女性に対して、そのようなことを全く考えなかったと言い切れるだろうか。差別の心は私の心に棲み着いている。それは認めざるを得ない。だから、投書に載った校長の暴言は他人事ではなかった。その校長は私より一世代前の人で、おそらくどこかで接点があったに違いないと確信しているからだ。

知的障害者に断種を勧める校長。最も人権尊重を訴えなければならない立場のものが、排除の言葉を述べる。それは一人校長個人の人権意識の問題に留まらない。そう考えてもおかしくない教育が日常的に行なわれていたのだ。

4　障害児教育は落ちこぼれの教育か

中学校校長会会長の発言

私は二〇〇五年に辞令によって新設校の校長になった。川崎市の教員から神奈川県の教員となり、川崎市にある県立学校の校長になった。私は市内の小・中学校との連携を深め、地域に根ざした学校づくりを様々な角度から計画した。その中の一つが、市内の小学校や中学校の校長会を新設の県立特別支援学校で開催することであった。今まで通常の学校と特別支援学校の間には高い壁があり、お互いが理解し合い支え合うことができていなかったことの反省から、川崎市出身の私がその課題を担えると考えたからである。中学校の校長会で新設校のミッション、ビジョンを語った。そして私は、最後に特別支援学級の担任は是非高い見識と意欲のある教員を当ててほしいと述べた。実際に私が見聞きした教員の中には、不適切と思われる教員が少なからずいたからである。校長会の終了の挨拶で、校長会会長が私が川崎市に戻ってきてくれて良かったと喜んでくれたが、最後にこう言った。「特別支援学級の担任の人事は全校を見て決定することになり、現実問題として特別支援学級担任として相応しくない教員を配置することもある。どうか理解してほしい」と。

通常の学級では指導力に難があったり、病気がちであっても障害児学級なら担任ができるという時代ではない。障害児学級こそ高い専門性と意欲のある教員が求められている時代なのだ。だが、私が中学校の特別支援学級教員をしていた時代には、陰では「特別支援学級は教員の墓場」とまで言われていた。特別支援学級担任は余程の変わり者か、思想や信仰を持った特別な教員が務めるところと思われていた。もちろん、通常の学級担任はできないと評価された者もいた。「普通学級の担任ができるのにどうして特別支援学級を?」と言われることもあった。学校の管理職ですら、「ゴミ捨て学級」「掃きだめ学級」と公言する人もいた。障害児教育が通常の教育より一段低いと見られていたからである。そのような背景をつくり、偏見を助長してきたのは国の教育政策である。「社会で有用な者」を優先する優性思想が政策にこびりついているのだ。

当時の統合教育論を振りかざした組合員の教師たちが、障害児教育の担当者を差別者、差別教育者と攻撃をくり返した。統合教育とは通常の学級と障害児教育学級を分けることを批判し、

「場の統合」を主張した。だが、運動論としての統合教育は障害児の一人ひとりの教育的ニーズに基づく教育をするのでなく、ただ通常の学級へ入れることを優先し、保護者から教育の成果が通常の学級では得られないと背を向けられるようになった。ある市の教員は特別支援学級の担任を希望したが、学級での指導は行なわず、そのため保護者は他校の特別支援学級へ移って行った。その教員は「特別支援学級を潰した」と豪語したという。特別支援学級は右からは「掃き溜め学級教員」と、左からは「差別教師」と攻撃された時代である。私は障害児教育が教育現場で根を張った教育が行なわれるように取り組んだ時代の証人である。

高等学校校長の差別発言

川崎市の地区校長会が開催されたときのことである。この会には一三名の高校の校長と三名の特別支援学校の校長が同席していた。ある高校の校長が、高校の中の発達障害の生徒への対応はどうあるべきかと私に尋ねた。かつて教育委員会で一緒に仕事をしてきた旧知の間柄であったため、私を指名したのであろう。私は「現在は他校種間交流で高校から大勢の教員が特別支援学校に来るようになった。彼らが高校に戻ったとき、障害のある生徒のことを理解し指導してきた経験から、彼らが中心になって指導するシステムを作ったら良いのではないか」と答えた。彼らは無駄に何年間も過ごしていたりではない。彼らは高校では特別支援教育のことを多少なりとも理解し、指導できる専門性を身につけている。

そう答えた私に別の高校の校長が言った。「高校から特別支援学校に行く教師は、高校では使えない教師なのだ。使える教師は高校から出さない。指導力がなかったり、組合活動で校内に混乱を起こす教員が特別支援学校に行く。彼らが高校に戻ってきて、そんな役割を果たせるわけがない」と。

私はこの発言を聞いて固まってしまった。これが高校の校長なのだ。役に立たない高校教員を特別学校へ送るという考えが、現場で当たり前のように浸透している。障害のある児童生徒のことは何も考えていないのだ。この何という人権侵害。私たち二人の特別支援学校の校長の前で堂々と差別発言を言う。そして誰一人それを咎める者はいない。こんな人たちがどうして教育者なのだろうか。高校の校長たちが特別支援学校をどう見ているかをこれほどはっきり知らされた経験であった。私の怒りは未だに消えることはない。

教育界では最も専門性が高いとされるのが、高等学校や大学などの高等教育である。高等教育では何よりも適切な入学選抜試験を行ない、それに合格した生徒・学生を入学させる。私は高等学校の校長たちから入学選抜のある高等学校は小・中学校とは違うと何度も言われた。まして況んや養護学校などと。高等教育は、適切な入学選抜試験に合格した生徒を入学させて教育する。生徒指導上の問題でも、最後は生徒自身の選択の名の下に退学処分を行なうことができる。小学校や中学校では、どんな問題があろうと教員はその子に卒業のゴールを切らせなければならない。まして特別支援学校では児童生徒の家庭の問題にまで入り込んで社会自立を目指さなくてはならない。

高等学校には「進学重点校」があり、レベルの高い大学入学をめざす学校もある。障害があって、社会的自立の困難な子どもたちのいる学校の教育とははるかに高い教育が施されるという自負が見える。障害児学校教育など眼中にはないのだ。

新聞の投稿欄に高校教員の記事が載った。そこにはこのように書かれていた。

障害のある子どもへの教育を充実させるためとして、全教員が採用後一〇年以内に特別支援学級の担任などを二年以上経験するよう求める通知を、文部科学省が都道府県教育委員会に出した。東京都で特別支援学級を七年経験した立場から、二つの観点で慎重な検討を求めたい。

一つはキャリア形成の問題だ。政府が進めるジョブ型に基づけば、教員のキャリアとは主に教科指導能力・スキルのこと。しかし、特別支援を専門としない教員にとっては、在任中自らの専門分野の研究時間が奪われ、数年後に通常学級に異動しても、変化の激しい現場や行政に追いつくのは非常に困難。経験の少ない教員なら、なおのことだ。

もう一つは特別支援教育の専門性だ。特別支援教育はそれ自体、特別の免許を持つことが原則の専門分野である。ところが、すでに初任者を含む多くの無免許の教員が充てられている。これは高い意識と専門性を持ち働く教員を軽んじるものだ。保護者にも現状は知らされていない。

まずは専門人材の養成が重要だ。そして、特別支援の現場での努力が後の人事考課に必

ずしも反映されていない現状を改めるべきである。(『朝日新聞』二〇二二年四月二一日)

新聞に投稿した高校教員は、高校教員のキャリアは主に教科指導であると主張し、特別支援学校の児童・生徒には、専門分野の教育がないがしろにされるという。たとえ高校に戻ったところで特別支援教育のキャリアは人事考課に反映されない。よって、すべての教員が特別支援教育に二年以上携わることは無意味であるという。

特別支援学級や特別支援学校には、現在多くの児童生徒が在籍している。一〇年前の約二倍になっている。障害か非障害かは別として、何らかの教育的ニーズのある子どもたちが増え続けている。それは通常の学級においても同様の状況にある。知的や身体的に問題はなくても、集中力に欠け、落ち着きがなかったり、人と上手くコミュニケーションが取れず、その結果不登校や非行に走る子どもたちも多い。それは、小・中学校の義務教育に限らず、高等学校でも同様である。

表3-1は、二〇二〇年度「児童生徒の問題行動等生徒指導上の諸問題に関する調査」(文部科学省)の高等学校における統計資料である。

文部科学省の通知の主旨は、現在はどの学校であれ、様々な教育的ニーズのある子どもたちが多く在籍する状況になっていて、その子どもたちのために特別支援教育を学び、その理念や手法を身につけるべきであるという意である。高校にも障害児が入学するようになっている。

高校の教員たちは専門教科の指導をするだけで良いと本当に考えているのだろうか。神奈川県教育委員会にいた私も、実際にそのような意見を何度も聞いている。だが、統計資料を見れば、教員は教科指導だけで良いとは言えない状況がある。むしろ、専門教科の指導だけで終わるから、様々な課題を負っている生徒に寄り添うことが出来ていないことを、統計資料は示しているのではないのか。

高校においては、「退学」は生徒指導上の切り札になる。中途退学しても、それは生徒自身の進路変更の問題であり、高校や教員の問題ではないと居直ることができる。小・中学校ではどんな問題があろうと、担いでも卒業のゴールを切らせなければならない。確かに小・中学校はでは不登校であっても自動的に卒業できる制度になっているが、最後まで在籍する児童・生徒の発達を諦めない教師たちの姿勢がある。教科指導だけで良いという高等学校の教師とは熱心さに違いはある。だから特別支援教育を学ぶ必要があるのだ。生徒を学校に合わせるのでなく、生徒に学校を合わせて変えていく、それが特別支援教育である。私は中学校の特別支援学級の担任を一年努めて、生徒に寄り添うとは何かを会得した気がする。落ちこぼれていく生徒、みんなとうまくやれない生徒をどうやって社会自立に向けて押し上げるのか。今こそ、すべての教員が特別支援教育を学ぶべきである。「教師とは何か」が見えるようになるまで。フランスの哲学者G・マルセルは、教育とは小・中学校の義務教育こそ重要であるという。人の骨格を作りそれが生き方を形成するのだからと。高校、大学の教育はそのうえに築く専門教育なのだ、と。

高校教員の投書は教員の本音であろう。インクルーシブ教育に最も抵抗を示すの

表3-1「児童生徒の問題行動等生徒指導上の諸問題に関する調査」(2020)

いじめ	暴力行為	不登校	中途退学	自殺
13,126	3,852	4.305	34,965	305

は高校教員である。「寄り添える教師」こそ、キャリア教育の最高位に置かれるものである。

大学教育からも障害者は排除されている。障害者差別解消法は二〇一六年に制定された。その中で障害者の求める合理的配慮を障害者に提供するという一文がある。しかし、そもそも大学においては障害者に開かれていない。顕著な例では、入学可能な障害者の枠の中から、知的障害者は全く抜け落ちている。その前提として大学教育は知的障害者には適応不可能との判断が前提にある。欧米の大学では、知的障害者への門戸は開かれ、大学生活を楽しんでいる。なぜ、日本の大学は知的障害者を拒絶するのか。それは入学制度と関係があるのだろう。高等学校と同様に、入学選抜制度のハードルを越えなければ入学は認められない。そこで知的障害者はその壁を突破することができない。欧米の大学では、入学より卒業に比重が置かれているため、入学は比較的緩い。だが、障害者の中でも最も人数の多い知的障害者の大学入学希望者は少なくない。もっとその希望に添う大学が現われても良いのではないのか。

私は大学教員をしていた時に、一人の養護学校卒業の知的障害者を入学させた。それにはいくつかの条件があった。入学試験における配慮事項、養護学校教員からの主に学力や生活面の資料提供、そして最も大きかったのは入学希望学科の学科長をしていた私の存在である。大学では初めての取り組みであり、おそらく日本の大学でも初の事例であろう。日本の大学を変革させる取り組みがもっと出てきて欲しいと望んでいる。障害者に開かれた大学は増えるべきである。

5　障害者差別はないと断言する学者

二〇〇三年つくば市で開催された「第一六回アジア知的障害会議」で講演したイギリスの教育学者P・ミットラー氏は、会議の席上で、「日本では障害者差別はない」と述べた学者がいたことに驚いたと述べている。ミットラーは、その著書「インクルージョン教育への道」の作者として知られ、インクルーシブ教育の推進に取り組んだ人物である。一九八九年に「子どもの権利に関する条約」が国連で採択され、日本でも一九九七年に批准・公布された。この条約の第二三条は、障害児の権利に関する項目であり、障害児の尊厳の確保、自立の促進、地域社会への積極的な参加等が明記されている。この子どもの権利についての会議であったが、「日本には障害者差別は存在しない」と述べた学者がいたという。なぜ、日本には障害児への差別が存在しないといいきれたのだろうか。障害児教育に携わっている者であれば、知らないはずがない。私もこのやりとりがあったことを聞いて唖然としたことは言うまでもない。

それは政府の見解として述べた御用学者の意見が余りに現実からかけ離れていたからである。その学者の発言には単なる事実誤認ではなく、社会の実態をごまかして事実を隠蔽することで、日本の人権擁護の状況を世界にアピールする狙いがあるのだろう。日本は民主主義の国であり、欧米に並ぶ人権尊重の国であることを示したかったのであろう。日本政府の姿勢やそれに忖度する学界の思惑が読み取れる。

二〇〇六年に改正された「教育基本法」の四条には「人種、性別、信条、社会的身分、経済的地位または門地によって、教育上差別されない」とある。しかし、そこには「障害」は明記されていない。第四条二項には、「障害のある者が、その障害の状況に応じて十分な教育が受けられるように、教育上必要な支援を嵩じなければならない」と規定している。教育基本法の改正によって、第四条二項が付加された。従前は能力があっても教育が受けられない者の規定があった。つまり、障害児は教育上支援の対象となっているが、排除禁止の対象とはなっていないのだ。障害者権利条約に照らして日本の課題を見るときに、障害者への差別や排除が本気で考えられているのか疑問に思う。障害を差別問題として捉えることへの拒否反応が明確に見て取れる。

日本では健常児の教育が中心であり、社会的に有用と思われない障害児の教育が一段と低く見られ、教員の質も軽くあしらわれる。何しろ、学制に「廃人学校アルヘシ」と書いた国である。「廃人」とは人ではない者を指す。人権意識が希薄であったことを如実に示している。そのことが障害児教育への軽視・蔑視を形成してきたのだ。そしてそれは今日にまで繋がっている。だから差別は解消されないのだ。

欧米の障害児教育との比較では、日本の障害児教育がどれ程の後進性があるのかが分かる。日本でも教員の社会的地位は一般的に下落している。要因は教員の勤務の多忙化が上げられる。二〇〇九年に始まり、二〇二二年に廃止された教員免許証更新制度は、教員の資質向上のために免許取得一〇年ごとに研修を受けることが義務づけられた制度である。だが、そのために教員は学校での膨大な事務量を抱えながら、外部機関で研修を受けるなどの多忙化が顕著になり、それが教員志望者の激減に繋がった。結果的に制度は廃止に追い込まれたが、このような政治の不在によって、学校や教員が多大な被害を受けることになった。この制度は資質向上の名を借りた教員の口封じのためであった。なぜ医師免許や薬剤師免許の更新はしないのか。どうして教員免許証だけなのか。それは政治批判をくり返す教員組合を毛嫌いした安倍元首相に代表される保守政治家が、教育現場を多忙にすることを画策したものであった。

また、保護者の学歴の向上や価値観の多様化も上げられる。多忙化した学校で働かなくても、高い給料が支払われる会社もある。教育に関心があっても高い給料や締め付けのない仕事を選ぶ時代になってきている。だから、学校の教員の人気は下がり続ける。

欧米の公立学校教員を取り巻く状況は日本とは変わらない。教員への社会的地位は下落し、人気も尊敬も薄れてきている。だが、障害児教育の教員に対する社会的評価は高い。ここが日本とは決定的に異なる。人権尊重の意識が日本とは格段に違うのだ。一般の教員よりも高く評価されている。障害児教育の教員はほとんど大学修士号を持ち、指導実践と同時に研究にも取り組んでいる。このような質の高さも指摘されている。

6　新設養護学校建設反対運動

私の教師人生の最後は、神奈川県のモデル校として新設養護学校を立ち上げることであった。全国的に特別支援学校の児童生徒が急増しているに中でその対策として考えられたものである。

私は新設校の理念を「インクルージョンをめざす学校」とし、教育目標に「地域の変革」を掲げた。インクルーシブな地域社会をこの学校から作っていくという意図である。

このような学校を作ろうとした背景には、地域住民の新設養護学校建設反対運動がある。新設校開設準備担当であった私は、町内会に何度も出席して学校設置の趣旨を訴え理解を求めた。だが、そこで語られた言葉は、「この町が安心して暮らすことの出来ない町になる」「犯罪予備軍が大挙してくることに反対だ」「子どもたちを守れない」という意見の続出であった。学校建設の後も反対運動は続き、最初の入学式の当日、校門の前に大きな車が止められ、通せんぼされた。それを見聞きした学校の保護者は泣いた。自分たちの子どもはどこへ行っても差別を受ける、希望を持って入学した学校でも地域の人たちからこのような扱いを受けると。入学式は希望の日から一転して絶望の日に変わった。これが通常の学校であれば、地域から歓迎ムードで受け入れられたのだろう。

開校から半年ほど経ったあるとき、高等部の生徒が公園のブランコで幼児を抱えた若い主婦の髪の毛を掴んでけがをさせるという事件が起こった。それは学校の落ち度でありいいわけは許されないものであったが、地域の人たちによって学校は四ヶ月の謹慎を受けた。近隣への散歩も許されない状況が続いた。

学校の置かれている川崎市の標語にはこうある。「人権の町」「共生の町」と。朝鮮人の多住地区であり、他民族との共生が市の方針にあるからだ。

私はこのような学校建設時の反対運動や嫌がらせを受けて、地域社会を変えることが学校の使命と考えた。それが教育目標につながっている。

それから地域をどう変えていくかを思索した。障害者を知らないから怖がって差別をする。そうだとしたら障害者に接する機会を設けて理解の向上に努めよう。それがボランティア養成講座と障害理解教育講座となった。地域ネットワーク協議会を設けて、地域のことをみんなで語り合い場を設けた。私は地域の学校や様々な団体を前にして、インクルーシブな地域社会いについての障害理解教育や講演会を行うことに努めた。学校を財政的に支える後援会組織を作り、地域の人たちが会員となり献金をしてもらう働きかけをした。

四年間の任期が終わり、私が定年退職を迎えた日、町内会長が皆の前でこう述べた。

「この地域に養護学校が来てくれて、地域が暖かくなった。人を思いやれる地域になった」と。

私はその言葉で胸がいっぱいになった。差別解消は、障害者を囲わないでみんなと一緒に活動することに尽きると思った。ボランティア登録は現在一五〇〇人を超えている。

7　やまゆり園事件を越えて

津久井やまゆり園事件は多くの人々の注目を集め、日本の障害者に対する差別状況を顕わになった。二〇一六年七月二六日、相模原市にある県立津久井やまゆり園で、障害者殺傷事件が起こった。一九名が死亡、二七名が負傷という前代未聞の事件である。事件後、犯人は「重度障害者は生きている価値がない」と供述した。そして犯人はこの施設の元職員であり、学生時代には教師を目指していたという。

この事件を知って私は文字通り体が震えるほどの衝撃を受けた。

私がこの事件で真っ先に感じたのは、「教育の敗北」であった（鈴木、二〇一九）。このような差別・排除を公然と行ない、社会に障害者不要論を訴えて実行した犯人は、それが世間に受け入れられると確信して犯行に及んだ。つまり、みんなは実行しないだけで思いは同じだと信じていたのだ。だから、犯罪になってもそれは軽微なものに過ぎなく、短期間の懲役で済むだろうと信じ込んでいたのだ。世の中が障害者抹殺論を認めていると考えたのだ。

この確信犯的行為は、まさしく障害者抹殺、ユダヤ人抹殺をドイツ国民全員が支持すると考えたヒットラーの思いに通じている。事実、彼の行為に対して賛同し、拍手する人たちが多く見られたからである。当時大学教員であった私は、大学院の授業中にこの事件について話したところ、授業を受けていた学生から近隣の老婦人が事件を知って、犯罪ではあるが多くの人がこの犯人の行動に賛成だと思うと述べたと語った。

教育の敗北

私は障害児教育に生涯を捧げて生きてきた。中学校の特別支援学級の生徒がいじめにあえば、その学級に出向いて障害児の理解のために講話をしてきた。新設した特別支援学校では、毎年地域の小学校や中学校で、「障害理解教育」の授業をさせて欲しいと校長たちに訴えて、出向いた。障害の特性を語り、障害のある児童生徒もみんな私たちの仲間であることを話してきた。講演だけでなく、特別支援学校の児童生徒や地域の障害者施設との交流会も企画した。そして地域の小・中学校の校長会を私の特別支援学校で開催することを依頼して、集まった校長たちに特別支援学校の授業風景を見学し、障害者への理解を語ってきた。それぞれの学校にいる障害のある児童生徒への理解や支援意欲を高めるためである。学校長が学校で最も障害の重い子や指導で手がかかる子をと本気で向き合うことで、その様子を見る教員や児童生徒が障害の有無にかかわらず、みんな一緒であることを理解する、いわゆる共生社会の芽を育てるためである。

また、神奈川県教育委員会の事業である「インクルーシブ教育推進運営協議会」の会長を務め、「インクルーシブ教育フォーラム」を年四回開催してインクルーシブ教育の重要性を説き、様々な意見交換を行なう機会をつくってきた。

インクルーシブ教育や障害理解教育の授業は、これからの共生社会の土台を作る上で最も重要なものと考えて取り組んできたものであった。だから、津久井やまゆり園事件を聞いたとき、「教育の敗北」と言葉が頭に浮かんだ。「私は一体何をしてきたんだろう」と。こんなことが起こらないために私は今まで活動してきたのではないのか。

しかし、津久井やまゆり園事件が起こった。瞬時に私は思った、私は一体何をしてきたのか。このような犯罪者を出さないで障害者との共生を考える人たちを増やすことを、もっと本気で取り組むことができなかったのか。それは心の底からの悔いの叫びであった。

一章に出てくるR・D・レインの著書の中にこんな文章が出てくる。それは著名なユダヤ人ラビであるM・ブーバーの講演会に参加したときの一風景を書き記したものであった。

ブーバーは背が低く、ぼさぼさの髪をして長い白髭を顎に生やしていた。さしずめ旧約聖書の生まれ変わりといったところだ。あの夕べの講義の一瞬間を私は今でもはっきり覚えている。ブーバーは講演台の向こう側に立って、人間の条件だとか、神だとか、アブラハムとの契約だとかについて話をしていた。その時、急に前にあった大きな重い聖書を両手でつかみ、できるだけ高く頭の上に持ち上げてから講壇の上に投げつけるように落とし、両腕を一杯に伸ばしたまま、こう絶叫した。「強制収容所であの大虐殺が起こってしまった今、この本が何の役に立つというのか！」ブーバーは、神がユダヤ人に対して行なったことに激憤していたのである。無理もない。

（レイン、一九八六）

私は津久井やまゆり園事件を知ったとき真っ先に思い浮かんだのは、絶望しきったブーバーが聖書を投げ出した情景であった。こんなことが起こらないためにこそ私は生きてきたのではなかったのか。ブーバーの絶望と混乱の入り交じった思いは、まさに私の思いと重なった。津久井やまゆり園事件は、日本の教育の敗北である。人権教育も福祉教育も何の効力も発揮しなかったのだ。日本の教育は何をしてきたのか。何をしないできたのか。そもそも日本に教育はあったのか。これは教育全体、教師全員の敗北ではないのか。

そして問われるのは、日本の教育に根ざしている優生思想である。障害者は健常者に比べて社会に役立たないもの、価値のない者というレッテル貼りが解消されないままに学校教育が行なわれてきた。その歴史的に構築されてきた障害者蔑視が、今回の事件の背景にある。その点こそが問われなければならないのではないか。

マスコミには、犯人は特別な人で精神障害者ではないか、大麻中毒の患者ではないかと推測する意見が多く見られた。普通の人なら到底実行できないことをするのだから、普通の人ではない、というお決まりの意見が出て、それに専門家と称する人たちの意見が相継いだ。私たちに理解不可能なことをする人を、障害者に仕立てることは多い。この事件の犯人像もまたそのような専門家によって精神のおかしな人とされ、多くの人々は納得した。だが、そうではない。ロシアのプーチン大統領が重い精神障害に罹っていて、ウクライナ侵攻をはじめたという考え方と同じである。訳の分からない行動を取る人を、精神障害者、心の病んでいる人と理解するのは間違いなのだ。

人は自分が何でもできる、何をしても許されると考えたときに、とんでもない行動を取ることができる。それは自分を神にすることであり、簡潔に言えば天にも登る傲慢さのなせる業である。事件の犯人の背景にあるものは、重度の障害者の命を奪っても構わない、自分はそのことを実行する英雄であるとの思い上がりが見える。人間の神をも恐れぬ傲慢さが生んだ所業ではないのか。人を超えたものを畏れる心を失った者の憎むべき悪行なのだ。

教師の無関心

しかし、やまゆり園事件そのものに対する衝撃だけではなく、その後私にはさらに驚くべき出来事が待ち構えていた。大学教員として講演に呼ばれることが多い私は、小・中学校、高等学校などの通常の教育に携わっている教員を前に、この津久井やまゆり園事件のことをどう考えるのか、そしてそのことを児童生徒にどう伝えたのかと質問した。

その答えに私は驚愕した。事件について児童生徒に授業で、または何らかの機会に語った教員は一人もいなかった。障害者の人権や共生社会の在り方など児童生徒にきちんと伝えるべき事柄だと思っていた。それは単に障害者の人権に終始するものではない。そもそも本事件は人権とは何かを突き詰めて考える題材であり、人の生き方を考えさせるものではないのだろうか。教員対象の多くの講演会で一人の教員もこの事件を児童生徒に話さなかったのだ。多く教員は重要なことではあるが、障害者に限定したことなので話す必要はなかったとの意見、そして障害児を知らない教員と同様に障害児とあまり関わりのない児童生徒に語ることの意味を感じなかったという意見である。あの障害者大量抹殺事件に教員の多くは何の関心も示してなかったという。信じがたい事柄である。

その後、ＮＨＫの記者から同じことを聞いた。取材で多くの学校を回り、事件について児童生徒にどう語ったかと尋ねたところ、教員がこの事件について語ることはなかったという。ただ例外として、知的障害特別支援学校の高等部の教員が一名だけその事件について生徒たちに語ったという。

日本の教員は津久井やまゆり園事件を自分とは関係ないことだと思っている。それを知って私は絶望感にさいなまれた。事件に衝撃を受け、教育の見直しを考えたのは、一部の関係者だけであるというその事実に改めて教育の危機感と敗北感を新たにした。障害児者との交流の無さの中で、人間としての意識がないのだ。分離教育の恐るべき弊害がここにある。

また、本当にそれは分離教育だけが要因なのか。すなわちインクルーシブ教育が推進されれば、障害児者への差別はなくなるのかという疑問である。この問題は、今までの障害者を取り巻く理念や取組の中でも生じてきたものである。すなわち、障害者と健常者を分離しない教育が本当に差別や偏見を生じない社会になっていくのだろうか。障害というラベリングがなくなるのだろうか、という問い。

私は長くインクルージョンの理念を教育や社会の中でどう進展させることができるかを考えて活動してきた。だからこそ津久井やまゆり園事件は脳天を打ち砕かれるほどのショックだった。そして本当にインクルーシブ教育が、共生社会の土台を築くものとなるのか初めて疑問を感じたのである。

事件後に神奈川県は、「ともに生きる社会かながわ憲章」を策定し公示した。だが、事件後一年半後のアンケート調査では、かながわ憲章を知っていると答えた県民はわずか二・八%であったと報告されている。そのアンケートの中で、障害者への差別や偏見はあるかとの問いに対して、ある、少しあると回答した人の合計は五〇%を超えてていることが分かった。津久井やまゆり園事件は、その後二年ほどで人々の記憶から遠ざかったのである。事件の当事者県である神奈川県でこのような状況であれば、全国ではさらに忘れ去られるものであろう。事件の風化は、それが一人ひとりの中で重要なものと位置づけられていないからである。

既に述べたように、障害者差別禁止法が施行された直後に起こった事件。そして事件の背景にあることを重く見た「かながわ憲章」の公布。そして神奈川県民の無関心という実態。それは一体何を表すものと意味しているのだろうか。

ナチス・ドイツは障害者の大量殺戮に次いで、ユダヤ人のホロコーストを起こした。多くの国民がそれに喝采を送った。津久井やまゆり園事件は、日本人の人権意識の欠如、人間性の欠落、的外れな拝金主義の人生哲学の結実である。ナチスを笑える国民ではない。

私はこの事件を教育の敗北と呼んだ。一人の犯人が多くの障害者を殺傷しただけではない。このことを知った教員の多くが、担当する学級の児童生徒の前でこの事件を語らなかったことについても、事件に素通りする教員の内にある無関心に教員の資質が問われていると考えたからである。

障害者の無名性

私たちは二〇〇一年六月八日大阪市の大阪教育大学付属池田小学校で起きた無差別殺傷事件を

忘れることはない。犯人はエリートの卵を殺傷することで死刑になり人生に幕を下ろしたいと考えて実行した。八名の児童を殺害、児童と教師七名が傷害を負った。この事件は学校の防犯対策の見直しの契機となった。学校では死亡した児童の名前を記した塔を建て、八つの鐘を作成した。被害者を忘れないために、記念日には全員で黙禱を捧げ一人ひとりの児童を偲ぶことが敢行されるようになった。事件を風化させないためである。

一方、津久井やまゆり園事件では、被害者の名前が公表されるのでもなく、多くの人たちが生前の障害者を偲ぶこともない。この違いは何だろうか。忘れさせない健常者と例外を除いて公表すらされていない障害者の違い。名前のない人とは存在を認められない人のことであると言えるのではないか?。障害者は存在してはいけないものなのだろうか。

ここでは、二つの事件の違いから障害者の無名性について論じ、障害者差別の根底に何があるのかを考える。

障害者は生きているときも、死んだ後も名前を持たない。そのことを今回ほどはっきり知らされたことはない。

一九二三年日本で発生した関東地震・関東大震災の大混乱の中で、「朝鮮人や共産主義者が井戸に毒を入れている」というデマが流れ、それを信じた官憲や自警団が多数の朝鮮人や共産主義者を虐殺した事件がある。正確な被害者数は不明であるが、五〜六〇〇〇人に上ると言われている。朝鮮人だけでなく、中国人や覚障害者・知的障害者を含む日本人も被害に遭ったという。

なぜ、朝鮮人が狙われたのか。一つには、古くからある民族差別である。日本人は朝鮮人に対して優れているという優越思想が根底にある。二つ目は、関東大震災の四年前に起きた大規模な独立運動、「三・一運動」により、日本でも暴動が起こるという朝鮮人に対する恐れである。これによって、全くのデマであったものが全国に流布して大虐殺に発展した。正確な人数は政府が調査しないので分からないが、全国で被害者がいたことが判明している。

当時の大虐殺の現場の写真では、衣服を剝がされた死体がむごたらしく並べられている。衣服を履き取られ、人間の尊厳も奪い取られたその姿に、津久井やまゆり園事件の被害者が重なって見えた。生きているときも名前も知られず、死んだ後も家族以外に覚えられる名前も持たない被害者たち。私は名前も言葉も住むべき故郷も人としての尊厳も奪われ、ドブに捨てられて横たわる虐殺された朝鮮人の姿が津久井やまゆり園事件の被害者たちに重なって見えた。関東大震災で虐殺された人々に思いを馳せる。

名前を奪うことは、その人の存在を奪うことである。障害者の無名性を深く思う。そしてそのこと自体が重大な差別であることを自覚しなければならないと思う。関東大虐殺の歴史事実を否定し、津久井やまゆり園事件の記憶が忘れ去られようとしている日本だからこそである。

事件から五年目となる二〇二一年七月、立て替えられた新園舎の広場に、犠牲者を表わすヤマユリをあしらった献花台と水鏡、ベンチが整備された。二度と事件を起こさせないという遺族たちの誓いを記した「鎮魂の碑」が二〇二二年三月二六日に公開された。そこにはこう刻まれている。

幸せな日常や何気ない日常がありました。

やさしい心、あたたかい命を、私たちは決して忘れることはありません。
このようなとても悲しい事件を、もう二度と起こしてはなりません。
命を奪われた一九人を忘れないでください。
助け合う社会のすばらしさ、大切さをもう一度考えてみてください。
誰にでも優しく、誰もが安心して心穏やかに過ごせる社会になることを、
心から皆さんとともに願います。
一九人の御霊が安らかに眠れますように

この石碑には一九人の犠牲者の名前はない。名前が出せない社会とは一体何だろう。

4章　苦難の障害児教育

1　教員の社会的地位の低下

この章では、教員になって長く見聞きしてきた「障害児教育は市民権を得ていないこと」について述べる。それについて実例を挙げて検証し、教育界の長年にわたる障害児教育への差別・偏見の実態を明らかにしようと思う。そしてそのような状況も時代の変化と共に変わりつつあることにも触れる。ただその前に、私は今のこの時代の教育そのものが、政治的意図によって混乱や混迷に追いやられ、将来的な展望が見えず、そしてそれは教育現場に徒労感と絶望の雰囲気が漂う空間を作り出していると感じている。その点に触れないで、現在の教育問題を語ることはできない。

その最たるものに、教員という社会的地位の低下がある。ヨーロッパやアメリカでは、教員の特に公立学校教員の社会的地位の低下が早くから指摘されている。それは一言で言えば、教員は何を社会にもたらすことができるのか、経済活動から生み出されるものに比べて、どれだけ高い価値をもたらすものであるのか、という教育活動と経済の効率性との比較によって生まれたものである。経済の発展と子どもたちの教育が対になって論じられるとき、教員の生み出す経済効率などはたかが知れたものであるという決めつけがそこに存在する。かつて富国強兵の時代には、教育は国づくりの中心に置かれて、貧しい国から豊かな国になるために教育こそが最も重要視されていた時代がある。

私の郷里である長野県にはこれといった産業はない。だから産業より人材育成に力を注いだ。その結果「信濃教育会」が生まれた。全県あげての教育運動（信州教育）に取り組み、明治九年には小学校の就学率が六三％に達し、全国一位となった。教育内容に人道主義、自由主義を内包し、子どもの個性尊重の教育を目指した。教育雑誌「信濃教育」を発行し、教員の研究意欲向上に努めた。もちろんこのような教育は時代の波の中で弾圧されていったが、教育にかけた教員たちの熱意は今も伝わっている。

やがて、経済発展した国にあっては、教育に対する社会的評価が下がり、教育の何たるかを知ろうともしない人たちは、もっと現在の社会を直接的に豊かにする経済の力に重きを置いてみるようになってきた。その反動として教員の社会的地位の低下が起こった。

一九八〇年代アメリカのレーガンとイギリスのサッチャーによって、始まったと言われている。新自由主義は「小さな政府」を標榜し、自助と自己責任を訴える政策を展開した。レーガン政権は社会福祉、医療、教育の予算の大削減を実行した。その一方で大減税の恩恵に浴した有産階級はますます富裕化し、その結果、富豪は大富豪に貧者はさらに極貧へと社会は分断化された。貧困層の平均寿命の短縮と幼児死亡率の上昇が現われた。新自由主義は、社会を富める者と貧しき者に引き裂き、その結果アメリカ社会は上辺のアメリカン・ドリームではなく、貧しい国家として位置づけられるに至った。

この新自由主義は人々の考え方を大きく変えた。端的に言えば、価値観の多様化である。しかし、この価値観の多様化は、様々な考えや意見があって良いというものではなく、一言で言えば、事柄の価値はそこにお金の価値がどれ位あるのかという、拝金主義という価値観に統一された。「お金が儲かるか」がすべての価値観の全面に置かれるようになった。

若者が就職するに当たって、優先順位をどう付けるのかは、それに見合う収入や将来の金銭的保証によって決められるようになった。その結果が、新たな職業の貴賓である。若者が生涯をかけて取り組みたい職業は様々である。給料が安くても自分が本当に好きなものであれば職業選択の上位に置かれる。しかし、現在は社会的成功や経済的効率が、すなわちその対価であるお金がすべての時代になった。「職業に貴賎はない」という格言は消滅した。

私のいた大学生が就職に当たって、長年アルバイトしてきたスーパーマーケットに就職希望したところ、大きな会社の役員をしている父親が内定を直接取り消したという例がある。本人がこの仕事に自分が向いていると判断し、自分の生き方として選んだにもかかわらず、その道に進めない。そんな時代なのだ。

このような時代的背景の中、欧米の教師の社会的地位は大きく後退した。特に公立学校教員のなり手が少なく、教員の質の低下も顕著となったという。かつては、どんなに安かろうが子どもたちを教育する教員になりたいと希望を持つ若者は大勢いた。

私の知り合いには、東京大学を卒業して学校の教員に、それも養護学校の教員になった人たちが何人かいる。周囲から彼らは「なぜ学校の教員なんかになったのか」「障害のある子どもの教員にどうしてなったのか」と散々質問されただろう。

私の手元に、『落伍教師』という題の本がある。著者は蛭川幸茂である。この本の裏表紙には、作家北杜夫と東大名誉教授の手塚富雄の推薦の言葉が載っていて、蛭さんは旧姓松本高校の名物教授であった、と書かれている。私が天衣無縫な教師人生の記録であるこの本を持ち続けたのは、これほど教師愛のある人を他に知らないからである。蛭川さんは東京帝国大学理学部数学科の卒業生で、旧制松本高校の教授を務めたが、終戦になって小学校教員となる。とにかく子どもの指導が大好きで、肩書きなどどうでも良いという人であった。ある意味で、教師の職業に魅せられた人であった。本の中に子どもたちと一緒に撮った写真が載っている。笑顔一杯の子どもたちの中にあって、彼の笑顔はとりわけ人を引きつけている。そんな人であった。まさに、金銭などどうでもいいから、子どもの教育に関わりたいという思い一筋で生きた人である。

欧米の教員の社会的地位の低下は、日本にも起こった。だが、これは、欧米の新自由主義とは若干異なる。もちろん、現在の教員採用試験に見られる採用試験の受験者数の低下は、教員の多忙化、モンスターペアレンツの増加、文部科学省の煩雑な提出資料の作成など、学校教員の仕事がブラック化したこともある。しかし、教員の社会的地位の低下は、政治によって引き起こされたものである。

政権批判を繰り返す教職員組合を敵視し続けて、教員を徹底的にやり玉に挙げる政治が行なわれてきた。政治に口出しするなという傲慢な政治家は、教員に政治的中立を求めた。しかし、中立とは特定の権力者から見た中立であり、それを是として受け止めそれを授業で語ることは、その後の社会を歪めることになると主張する組合は認められない。かくして教員は授業では一切政治を語るべきではないとされた。

その結果が教員の押さえつけであり、たかが教員の言うことを信じるなという政治的主張である。今では一部の保護者さえ、「たかが教員のくせに！」と言うようになってきた。保護者の過度な要求は、政治によって生まれたものであり、それによって教員の地位は低下の一途をたどっている。

このような状況下にある学校の教員になろうとする若者が教職離れを起こしている。多忙化の現実を見るにつけ、文部科学省が押しつける無意味な統計資料の作成や研修の増加など、それによって起こる子どもとの接触時間の短縮化、学校のブラック化は政治家の意図するものである。そのような状況で教員採用試験の競争率が激減している。二〇二〇年の小学校教員採用試験の競争率は二・六倍、過去最低である。県によっては二倍を下回るところもある。それどころか今日では教員定数が確保できず苦慮する学校は少なくない。教員になっても多忙を極め、夏休みも取れずに部活動に勤しみ、提出資料の作成に負われ、生徒指導に時間をかけ、モンスターペアレンツに精神も苛まれる。教員にはには家庭の団らんはなく、土日も休めない状況が起こった。欧米の学校のように知的教育のみを行なうのではなく、徳育も体育もさらに家庭の指導にも深く介入せざるを得ないことが常態化している。残業手当は、「給特法」によって教育調整額の四%と決まっている。そんな現場に入りたいと若者は思わない。再度言う。このような教育現場を作り上げたのは、政治家である。歴史の評価として、日本の民主主義を壊した首相として名前の挙がる人たちが、学校教育を破壊したのである。

二〇二一年文部科学省が教員をめぐる現状と題した報告書では、多くの教員は使命感や誇り、教育的愛情をもって教育活動に取り組んでいて、社会から尊敬と高い評価を与えられてきたが、現状は過去のそれとは大きく異なり、教員の資質能力が問われている時代になっていると指摘している。教員をめぐる状況の変化は次の何点かにまとめられる。

一．社会構造の急激な変化への対応であり、大規模で急激な変化に対応するために教員に求められる資質能力の向上をはかる必要がある。

二．学校や教員に対する期待の高まりであり、都市化や核家族化の進行を背景に家庭や地域社会の教育力が低下していて、教員に過度の期待が寄せられている。

三．教育課題の複雑化・多様化の進展に伴う対応であり、新たな研究が求められている。

四．教員の不祥事に示される保護者や国民の批判の対象となって、社会の信頼を揺るがす要因となっている。

五．教員の多忙化と同僚性の希薄化が要因となって、学びの共同体としての機能が十分には発揮されていない。

六．退職者の増加に伴う量・質の確保が重要な課題となっている。

文部科学省はこのような報告書をあげて、教員の資質向上を促している。だがよく考えてみれば、指摘は的を得ない。それらはすべて教員が負うべきものではないだろう。家庭や地域社会の教育力の低下のつけをすべて学校や教員の責任に押し付けることは、政治が全くその解決に寄与していないことを示している。それらの課題を学校が受け止められるように、政治は何をしたら良いのかの意欲も政策も出さない。教員の不祥事や指導力不足は確かに問題であるが、政治家の不祥事の比ではない。

私の友人で小学校の元校長がいる。モリ・カケ問題で国会で百回もの嘘の答弁をした安倍元首相に対して、日本の総理大臣が平気で嘘をつく人間であることを、子どもたちの前では語れない、と言った。嘘をつくな、正直であれ。これは人が人としてと生きる大切なことなのだ。それを生涯子どもたちに語ってきた元校長は、安倍元首相の虚偽の発言に絶句したのだ。あまつさえ、財務局の職員を自殺まで追い込んだ張本人が謝罪もせず、罰せられることもないままに、今や大派閥の領袖として堂々と権勢を振るった。こんなことが許されるのか。子どもたちは大人の行為を見ている。子どもたちが見ていること聞いていることを忘れないで欲しい。日本のトップの政治家が嘘つきであると知れば、どんな子どもに、そして大人になっていくのか。本当に恥ずかしい。教育者はこのような政治家を心底軽蔑する。

二〇二一年八月二七日付けの朝日新聞には、「平凡な校長の直訴」の記事が載った。大阪市長松井一郎宛てに実名入りの提言を出して話題となった大阪市立小学校校長の言葉である。新型コロナ禍の中、学校教育が混乱の中、市長のオンライン学習への切り替えが提言されたのを受けて、その批判を市長に直接郵送したのである。松井市長は一喝、「こんな校長は社会人の経験があるのか」と切り捨てた。

教員は社会の常識を知らないという批判は以前からある。それを楯にとっての批判である。市長には「たかが教師！　教員ごときが何を言うか！」という見下しがある。だが、この校長は理不尽な要求をする市長に対する怒りではなく、自分自身への怒りであることを述べた。それは、学校現場に下される常識外れの「上からの命令」に唯々諾々と従ってきた自分自身に対する怒りであったと語る。

政治家が教育を、学校を破壊している。それに対する抗議である。今まで何の抵抗もなく、それに従い、教員たちに強制してきた自分への怒りが爆発したのだ。教員は公僕であり、私人として特に政治的な見解を述べることはできないという。これが、教育界の中心に置かれて教員を縛ってきた。しかし、それで社会はどうなっていったのか。日本の過去の歴史に目を向けず、ひたすら愛国心を説く政治家は平気で国会で嘘を重ねる。不正を犯す。日本の精神風土を穢し続けている。このような人たちに対してものを言うことができないのか。

この校長はこう述べる。「教育には本来、社会を良くするという役割があるはずだ。社会のあり方を問うことも教育の役割なのだ」と。

教師とは本来、理想主義者であるべきである。理想の社会のあり方を念頭に置き、それに沿って社会人の育成を図る。それが教育である。欲得を最優先する政治家とは本質的に対立する存在である。教員が理想主義者でなかったら、社会のどこに理想主義者がいるのか。

私が主張したかったのは、社会から教育に対する評価が低いということだ。アメリカ同様に教員への社会的評価が低くなっている。背景には何があるのか。既に述べてきた新自由主義によって培われた価値観が社会全体に大きな影響を与えている。新自由主義は強欲資本主義を生み出し、経済至上主義の価値観に埋没する人たちを生み出した。一度限りの人生では経済的に豊かになることこそが人生の目標となっていった。社会貢献、ボランティアというかつて社会的に高く評価された活動は、今日では社会的評価に繋がらないのだ。アメリカでは、ボランティア活動は長く評価されてきた。拝金主義に対するアンチテーゼとしての意味合いがあった。毎日の会社勤めの帰りに、障害者施設でボランティアを行なう。そんな人々を社会では持ち上げた。キリスト教博愛主義や無償の社会貢献は、健全なキリスト教文化が後押ししてきた。それが今日では「寄付文化」がより高い評価を得られるようになってきた。それは経済的成功がより重んじられる社会への転換であり、キリスト教文化の衰退である。

教員への低い社会的評価には、こうした背景がある。毎日学校で児童生徒のために分かりやすい授業や、様々な課題を抱えた児童生徒の社会自立のための細かな配慮や指導よりも、一発当てて大金獲得のための投資やIT企業が人々の関心を引きつける。教育は職人芸と言った友人がいるが、今の時代に職人芸は流行らない。だが、教育は今日でも次世代の社会人育成のための重要な国の取組なのである。

2　苦難の障害児教育

ここから私が述べる障害児教育は、かつてはそんなこともあったけれど、現在は差別解消、そして人権意識が向上している今のことではない、と考える人もいるだろう。障害者が理解されない一昔前のはあったかも知れない。でも今はもうそんなことは起こっていないと。私の意見を聞いた人の中にもそれは過去のことで、そんな時代は終わっていると反論する人たちがいる。だがそうではない。

教育界全体での障害児教育への評価が、通常の教育に対してあまりに低い。それは少しも改善されていないことをここから解き明かしていく。なぜ、障害児教育は評価されないのか。それは見てきたように、教育界に刷り込まれた優生思想によって、障害者は普通の子どもたちより一段と低い者とされてきたことにある。社会的有用性に欠け、経済効果を高めることに貢献できない、期待できないとされてきた障害児という考え方があるからだ。

一般の教員にとっては一生をかけるやり甲斐のある教育とは写らないのだろう。

障害児教育を目指す者

かつて教育委員会に在職していたとき、養護学校の初任者研修の担当になったことがある。いくつかのグループに分かれて、一人ずつ順番に養護学校教員としての抱負を語ってもらう場面があった。初めて養護学校教員になる人たちの言葉で忘れられないことがあった。グループには一五人がいたが、養護学校で障害児教育を続けるつもりはなく、中学校、高等学校に移りたいと答えた人たちが圧倒的に多かったと聞いたことだ。

最初から養護学校教員を志望して採用試験を受けた人たちはほとんどいない。志望欄に「養護学校でも良いですか」という欄があり、ここに○を書いたという。そうでなければ採用試験に落ちる可能性があったからであり、最初は養護学校でもいつかは通常の学級に移れると考えたからだという。このような制度は、最初から養護学校教員を採用することが困難であると予測が生み出したのであろう。通常の学校に比べれば養護学校は敬遠される傾向にあったのだ。初任者たちは一様に中学校や高校で専門教科の指導をしたい、また今までやってきた部活動の顧問になりたいと語った。中には、養護学校に行くことになってショックを受けている。務まる自信がないと涙ながらに訴えた人もいた。

私自身は中学校教員の社会科の教員として何年か通常の学級の担任をして、希望して特別支援学級の担任になった。その初任者研修では、私が特別支援学級教員でどれだけ楽しい充実した教員生活を送ったかを話した。部活動の楽しさについても語った。私は自分が高校と大学の二年までやってきた柔道を中学校の部活で教えた。学級担任は一年で交代するが、部活は三年間の指導である。長く付き合って、生徒たちと親密な関係になると卒業で終わるか関係がずっと継続する。七五歳になった今でも、柔道部の親睦会があり、五〇を過ぎた教え子との再会が毎年ある。それだけ深い関係が当時に形成されたのだ。

部活動を通して教師として成長した部分もある。だが、一方、得意でない部活の担当になった教員の辛さを聞くことも多い。現在この原稿を書いている最中に、中学校の部活動の外部の民間委託という制度の導入が国会で議論されている。教員の負担減や本来業務に時間をかけることの重要性も理解できる。ただ、かつて、土日のなく部活動に明け暮れた私には、部活でしか得られないものも確かにあることを指摘しておきたいと思う。

また、なぜ私が特別支援学級担任になったのかについては、単純に私は個人に障害児教育に向いていると思ったからである。もっと細かく言えば様々な事情がある。私自身が小児結核を患っていた病弱児であり、色覚異常があり、吃音で悩まされた学齢期を送っていたということがある。言わば普通の子どもでとは少し違っていた、正確に言えば障害児として分類される側にいたということだ。自分が苦しく辛い思いをした学齢期の経験は、同様の思いをしている子どもたちの指導に関わりたいと強く願うようになった。

さらに言えば、小学校の同級生に知的障害の子どもがいた。その子は体も小さく、病気がちであった。戦後間もなくの生まれである私の時代には特別支援学級はなく、全員が一つの学級で学習していた。今から思えば、その子は知的障害でも決して軽度ではなく、落ち着きがなく立ち上がることもあり、学習に集中することも難しかった。

あるとき担任が私にその子の隣の席に移って、困ったときには助けてやれと言った。私は正直、その子とは近づきたくないと思っていたので、担任のその一言に仰天した。しかし、言われた通りに隣の席に移り、何かあれば助けることにした。でも、心中は穏やかではなかった。後に、担任の先生が高齢で病気になったと聞いた私は先生を訪ねて、その当時のことを訊ねた。どうして私だったのか、と。先生はこう言った、「病弱の君なら彼を助けることができるだろうと思った」と。

私は障害のある同級生に優しくはなかった。それはずっと私の中に罪の意識を残した。彼に対して申し訳なかったという思いがこびりついている。そのことが教員になってからも彼のことをずっと考えていた理由であろう。おそらくそれが、障害児教育に進んだ最大の要因であったと思う。小学校の同級生は後年、私が障害児教育の教師になったことについて、「○○君がクラスにいたからだよね」と言った。正確に言えば、障害のある子どもを大切にし続けた担任に対する尊敬があったからだ。戦後の混乱期に通常の学級で孤児院から通ってくる

可愛がり、いじめや差別を許さなかった担任の生き方が、私を捉えて放さなかったのだろう。九四歳で亡くなった恩師の葬儀で私は弔辞を読んだ。学齢期に尊敬できる教師に出会えたことがどれだけ幸せなことであったか。私自身もそれを目標としてきたが、それを繰り返し大学の教え子たちに伝えている。君たちも誰かの目標になれる人間になることを目指せと。

それから、何と言っても特別支援学級は楽しい。生徒との関係が近くて家族のような関係になっていく。困ったことがあれば、家庭のことでも何でも相談ができる。分かりやすい授業を工夫する楽しさがある。授業も発達段階によって柔軟な対応をすることができる。何と言っても、この学級で今一番大切なことは何かについて、すぐにる取りかかることができる。私が一番引っかかっていたのは、通常の学級では土曜日のロングホームルームの時間は、学年全体で統一のテーマで活動することだった。今このクラスで優先して取り組むことができない縛りがあった。全体に縛られることは嫌だ。それが一人ひとりに向き合う障害児教育なのだ。私の人生で一番楽しく充実していた教員時代である。私を作り上げてくれた教育なのだ。

私は初任者研修に出席した教員に、障害児教育の楽しさを語った。今は嫌々だけれどあとしばらくすると、ここが自分の居場所、天職と考え人たちが出てくる。それまで子どもたちを大切にして頑張るようにと。その年の年賀状には初任者研修を受講した教員からのものがいくつも含まれ、ここで一生を送りたいとの意見もあった。

管理職の資質が問われる

私にはどうしても語らなければならないことがある。それは障害児学校の管理職のことである。どうしてこのような人が養護学校の校長でいるのかと思うような人と何人も出会った。明らかに障害児を理解していないだけでなく、養護学校の校長になったことが不快であると周囲に漏らす人もいた。なぜこんな人が校長になるのか。

私が務めていた中学校の教頭が、養護学校の校長になった。元々障害児教育にも私が担任をしていた特別支援学級にも関心があったわけでもなく、困っているときに相談しても何か手立てを考えてくれる人ではなかった。

あるとき、職員会議の中で私は意見を述べた。それは特殊学校の生徒の就職が決まり、そのお店から早く慣れるために、土曜日の半日を実習させたい。もちろん給料は払うという申し出があった。それを職員会議にかけたのは教員の意見を聞くためであった。義務教育の中で就職のために実習をさせる、そして給料を払うとのことに、学校としてどう結論を出すのかを聞きたかったからである。私は就職する生徒の能力や生活力を考慮すれば、卒業間近の数週間の実習は意義のあることだと思っていた。それを給料をもらうということでアルバイトと見なされて、その件が否決されるなら給料なしでも良いと考えていた。学内の教員たちの意見は、認められないというものだった。いくら障害のある子であれ、そして実習という名目であれ、他の生徒が学習している間に会社で働くことはおかしいとの意見が大勢を占めた。私は了解してこの件はなかったものとしたいと述べた。

問題はその後起こった。教頭が私を呼んでこう言ったのだ。君は特別支援学級の教員なのだ。少人数のことを教師全体で図る職員会議に諮るとは何事だ。身分をわきまえろ！と。私はその言葉に仰天した。特別支援学級のことは教員全体で諮ることを否定しているのだ。みんなで一緒に考えて欲しいという願いすら片隅に放置される。これが特別支援学級なのだとはっきり知らされた瞬間である。

その教頭がよりによって養護学校の校長になった。私はこの人事は何だろうと訝しんだ。三月の修了式の日、教頭は教員たちの前でこう言った、「あんな学校に行かされて残念だ」と。それを聞いた校長は怒鳴った。「あんな学校とは何という言い方だ。障害児に対して失礼だろう！」と。私はこの人が障害児と接する中で変わってくれることを期待した。

六月の新旧教員の歓送迎会に出てきた新校長は、みんなを前にしてこう言った。「私は養護学校の校長になった。私は毎日生徒たちにこう言っている。君たちは一生を税金のお世話で生きることになる。だから、毎日、会う人に対して『ありがとう』の言葉を言うようにしなさい。社会に感謝して生きる者になりなさい」と。

私はこの言葉を聞いて自分の顔色が変わったのを覚えた。どうしてこんな酷い言葉を毎日生徒たちにかけるような者が校長なのか。最低の人事としか言い様がない。その言葉を一緒に聞いた同僚たちも私を見て、「あんなことを言わせて良いのですか」と言った。

この人は校内の教員たちからも保護者たちからも、校長の罷免要求がだされ、一年で海外の学校に飛ばされた。日本ではもう無理と判断されたのだろう。

この校長の発言について考える。校長の発言は、障害者は一生税金によって生きる者で、自分からは何も生み出さない者という優生思想であることが分かる。そこには自分はこいつらと違って税金を納め社会に貢献しているという自負がある。だが、よく考えれば、この人も、誰もが税金によって守られ、社会の恩恵を受けて生きている。そのことに気付かないとは何と浅ましい人間なのだろう。人は誰でも助け合い支え合って生きている。そのことを理解できない者が養護学校の校長を、いや、少なくとも教師であるべきはない。社会科の教師であったこの人は、生活保護や貧困家庭、外国人問題、また不登校や非行の生徒たちとどう向き合ってきたのだろう。辛さ、悲しみ、痛みを感じられない者は、教師になってはいけないのだ。

特別支援学級担任の学校内地位

私が感じた障害児教育への蔑視は、特別支援学級の担任になった時の引き継ぎの中でも起こった。上で述べた教頭のいる中学校へ行き、そこで担任から引き継ぐことになっていた。担任は引き継ぐようなことは何もない。君の好きなようにやれば良いと言った。それでも生徒の障害について正確に知りたい私は、突き放すように語る担任に執拗に言葉をかけて迫った。自閉症のいる子や、比較的重い知的障害の生徒について情報を得たいと思ったからである。彼は後で指導要録を読めば分かるとだけ言って、とんでもない発言をした。

「特別支援学級は教員の墓場だ。君も早く出られるように頑張れ！」と。私はこれには本当に驚いた。私は希望して特別支援学級の担任になろうとしていた。その私に、特別支援学級が墓場であるとまで言い、はやくこんな所を出るようにと言う。それは一体何なのだろう。

その時は、彼は本当は特別支援学級の担任などやりたくないと思っていて、早く辞めたいと心底願っていたのだと分かった。後に、特別支援学級が置かれている立場が分かってくると、彼が辞めたいと願うようになる気持ちが少しは理解できた。

彼の発言の背景には校内の理解や支援が得られにくい実態があることが理解できたからである。特別支援学級に来る生徒は生活面では手がかかるが、学習面で向上させようとする教員の努力などたかが知れている。特別支援学級教員は楽をしている。一般の教員にはそんな風に思われていることを知った。

従来から特別支援学級担任は、非常勤講師や臨時的任用教員（産休代替教員など）が担当する学校が多い。この程度の学級であれば、この程度の教員で足りると思われているのだ。かつては特別支援学級担任の希望者が少なかった頃、特殊教育担当教員の手当が特別に付いていた時代がある。そうしなければ人が集まらなかったのだ。給料の八％が加算された給料が支給された。だが、この制度は悪用されるに至った。定年退職間際の教員が特別支援学級担任を希望して勤務することが続いた。よく知られている例では、年配の体育教師が生徒と一緒に動けなくなると、特別支援学級に移る話をよく聞いた。年金や退職金目当てで障害児教育の担当になることは許されない。だが、実際によくあったことなのだ。今日ではそのような特別手当は廃止された。教員は金ではなく意欲で動く者なのだ。神奈川県教育委員会の調査によれば、特別支援学級教員の平均在職年数は、一・五年という。つまり障害児教育には長く務める気持ちのない教員が圧倒的に多いことを示している。一年や二年では障害児教育は分からない。子どもとの関係が付かないままに終わることになる。これでは障害児教育は良くなっていかない。

障害児教育には苦難の歴史がある。それが未だ市民権を得ていないという言葉に表わされている。

一方でアメリカの障害児教育の教員について、実際に現場で取材をした方から直接聞いたことがある。アメリカでも教員の社会的地位が大きく下がり、優秀な人材が企業に流れている。公立学校の教員の評価は著しく下落していて、職業人としての教員の自尊心が薄れていく。保護者の一方的な要望に対して自分たちを守れない状況が続いている。

しかしその反面、障害児教育の教員は、社会全体の中で非常に尊敬されていて、社会的評価が通常の教員とは比べものにならないという。彼らは一様に大学院を出て修士号を持ち、研究テーマを持ちながら教育実践に取り組んでいる。その姿勢が社会的に評価されるのだ。

日本の障害児教育の教員は、教育界全体から見ればその地位の低さは一目瞭然である。それは健常者中心の教育のあり方がそのことを引き起こしている。だが、現在の教育界の状況を見るときに、いずれ障害児教育なしには通常の教育が成り立たないし、改革もできないという状況が既にある。私の目にはその現実がはっきり見えている。しかし、長く市民権を得ていなかった障害児教育を社会全体が再評価する時代が必ず来る。私はそれを心から願っている。

5章　障害児教育賛歌

障害児教育は教育界では本流ではなく、一般的に片隅に置かれた評価の低い副次的な教育と思われている。なぜなら、社会に貢献できる者、生産性を持つ者、社会自立した納税者が求められ、障害者はその枠から外れるからである。

教育の成果は社会のリーダーを育成するところであり、社会に役の立たない者は実直さだけを身につければ良い、と語った文化庁長官がいる。作家の三浦朱門はこう述べた。

「戦後はできないやつのために手間と暇をかけすぎた。落ちこぼれにかけすぎたのだ。その手間をこれからは有力なエリート候補に向ける。彼らが日本を引っ張ってくれる。無才非才にはただ実直な精神だけを養ってもらえれば良い」と（斎藤、二〇〇四）。

私はこのような見当違いの意見を述べる人がどうして文化を取り仕切る役職に就くのかと訝る。ただ、そのような意見を述べられるのは、その意見を容認し同感し、推奨する人たちが社会に多くいると思っているからだろう。

私は長い教員生活の大半を、ここでいう「落ちこぼれ」「無才非才」の子どもたちの教育に生きてきた。社会に役立ち、リーダーになり、社会自立に問題がなく納税者になることは難しいかも知れない。だが、このような人たちがいるからこそ、社会は成り立っているのだ。一部の強い者や富を持つ者が中心であり、かれらの意見が重んじられる社会では、常にある人々を社会の片隅に追いやり、痛みも苦しみも共感できない世界ができあがる。

私は障害児教育に携わってきて、彼らによって「人が人間なる」ことの意味が分かりかけてきている。人はそのままでは「人はオオカミである」という弱肉強食の世界を受入れるだが、障害者によって人は人間となり、助け合い支え合う社会が実現する。障害児教育は手作りの小さな教育であり、小さな進歩を喜ぶ世界である。自分の思いを短く声に出して言い切ったときの晴れやかな顔の表情。マヒのある手でぶれながらも筆で字を書いたときの嬉しそうな顔。生きていること、できたこと、そして生きていることをこんなに嬉しさ一杯で表現する子どもたち。彼らのできることは確かに小さいかも知れない。東大合格者何名出したと喜ぶ高校の校長に比べたら、一体どれだけのものかと思うかも知れない。だが、ここには教育とは何か、教育の成果とは何かを教えられる世界がある。

障害児教育は教師が教育されるものである。通常の教育は教える教師と教えられる児童生徒の上下関係がある。だが、障害児教育はしばしばこの関係が逆転する。そして何より子どもと保護者、教師が心を一つにして始まる世界である。この教育には夢がある。この教育は祈りがある。こうなって欲しいと願う本人、保護者、教員の祈りが先にある。

障害児教育は教育の原点であり、教育とは何かの回答を示すものである。特殊で個別的なものが普遍的で一般的なものを凌駕する。それが障害児教育である。

だからこそ、教育界では二流の重きを置かれない教育であっても、その輝きや魅力は尽くせない。特に、効率性や有益性を重視する時代にあるからこそ障害児教育の発信を聞かなければならない。障害児教育は通常の教育を改革し、社会そのものを変革する力を持っているのだから。

1　障害児教育者への感謝

養護学校の教頭をしていたとき、ある保護者が私にこう言った。「私は養護学校の先生たちが神様のように見えます。あんなに言うことを聞かず、先生たちを振り回す子どもたちを相手にして優しく指導するなんて、とても普通の先生にはできないことですから」と。いやいや、それが養護学校の教員ですから、特別褒められることではないです、と私は答えた。すると若い父親は続けてこう言った、「養護学校の先生たちが素晴らしいと思うことは、下の世話を苦にせずにやってくれることです。父親の私でさえ、家ではやりたくないことを何の抵抗感もなしに汚物の片付けや洗濯までしてくれることです」と。

トイレの後始末やよだれや鼻水を拭き取ることは障害児教育の教員なら誰でも平然とすることなのか。いやいやそうではない。私は中学校の特別支援学級の教員を一一年間やってきた。生徒が不始末した後片付けをするのに、最初は抵抗があった。だが、しばらくするとこれで給料をもらっている、自分の仕事だと思うようになって抵抗感は全くなくなった。

　だが、私の見聞きした教員の中にはすんなりと「自分の仕事」と割り切れない人たちもいた。ある特別支援学級の担任者研修会で、年配の人たちが下の世話までさせられてこんな仕事は早く辞めたいと発言した人がいた。どういう理由から特別支援学級の担任になったのかその経緯は分からない。しかし、人前で堂々とこんな仕事は嫌だという人に、障害児教育はできない。養護学校でも、強度行動障害のある児童が、裸になって大便を体中に塗りまくって、それを食べながら走り回る姿を見たことがある。年配の女性教師が優しく声かけして座らせ、後始末をはじめた。私は遠くから眺めていたが、その教員には本当に頭が下がる思いがした。放課後、私は彼女にご苦労様でしたと声をかけた。彼女はこう答えた。私はあんなことがあるといつでも教師を辞めてやるという思いになる。でも私が辞めたらあの子の世話は別の人に回ってくる。それなら私がずっとやった方が良い。それで彼女は卒業するまで彼の担任を希望したのだ。

　私は若い頃にこのような尊敬すべき教員に会えたことを感謝している。人の嫌がる仕事を自ら進んで行なう教員。障害児教育はこのような教員によって支えられている。

　私はキリスト教会の牧師をしていた。教会には障害のある信徒たちもいた。知的障害の信徒はみな療育手帳「A1」を持っていた。神奈川県の障害区分で最重度の判定に属していた。言葉のない人も生活面での自立が困難な人も、自閉症で会話が成り立たず反響言語をする人など、様々な支援を必要とする人たちであった。障害があろうとなかろうと教会は神の家族として一緒に生きる。インクルーシブ・チャーチ（包みこむ教会）を目標とする教会であったので、障害者もホームレスも貧しい外国人も教会に集っていた。

その中にダウン症の女性信徒がいた。長く母親と一緒に生活していたが、母親が高齢になり病気もあったので、障害者施設に入居していた。高齢になった女性を私も教会の役員たちも何度か訪問していた。あるとき訪問したが返事がない。そこで警察と救急車を呼んで、安否を確かめた。その結果亡くなったまま数日間放置されていることが判明した。私たちは何度悔やんだことか。もっと頻繁に訪問していれば良かったと。

彼女の葬儀はコロナ禍ということもあり、娘と施設の指導員、そして成人後見人の司法書士が参列した。私が葬儀の会場に入ると、娘はすぐに私を見つけて抱きついて泣きはじめた。彼女は教会の礼拝や集会に来るとすぐに私に抱きつく。それは長く親しい関係を続けてきた私に対する信頼によるものであった。母親が亡くなったことを理解していた。私は時間をかけて、母親が神様のもとに行ったことを話した。涙を拭きながら頷いて聞いている彼女の上に、神の慰めをと私は何度も祈った。

葬儀の後、後見人の司法書士と話し合った。自己紹介では、教会の牧師であるが、かつて養護学校の校長をしていたことに触れた。障害のある娘との関係がそれではっきりしたのであろう。後見人はこう言った。「養護学校の校長先生は、人格者とずっと思っていました。今まで何人かの校長先生を見てきましたが、皆さん徳のある人格高潔な人たちだと思いました。先生もその中の一人です」と。

私は障害児教育の教師を生涯にわたって務めてきたが、人格者、高潔な人格者などとつゆほどに思ったことはない。私は失敗を繰り返し、間違いを犯し続けた。人格者では決してない。

だが、世の中では障害のある人たちに関わる職業人は、特別な人格者だと思っている人たちがいることを知った。普通の人にはできない、普通の学校の教員でもやらない。奉仕の精神に満ちた特別な人だと思っているらしい。私は自分を恥じた。面と向かってとんでもなく評価されたことに対して、全くその評価に値しない自分に。でも一方では少し嬉しかった。世の中はそんな風に見てくれていることに。それに報いるためにどうすれば良いのかと思案しつつそれでもわが身を恥じた。

2　特別支援学級が学校を変える取組

一九九一年に川崎市で実施された「第二五回全特連関東甲信越特殊教育研究協議会」に、川崎市を代表して私は長年取り組んできた教育実践を報告した。私の研究報告書には、「『学校不適応』児指導学級の試み～特殊教育の新しい可能性を求めて」とある。私が約一〇年間にわたる教育の報告書であった。

私がこの報告書で述べた要点は次の通りであった。

① 私たちの学級は、障害児に限定しないいわゆる学校生活に適応しにくい生徒たちを受け入

れている。一〇年間で指導した生徒の内訳は、知的障害三九名、肢体不自由五名、学習障害六名、注意欠陥多動性障害七名、不登校四二名、非行傾向一二名、その他緘黙、チック、虐待、親を失った子、外国籍の児童などであった。特に、不登校や非行傾向、外国籍などは本来は通常学校に籍を置いて指導を受ける者たちであるが、あえて特別支援学級で受け入れ指導をしてきた。

②指導方法の中心となったのは、障害児教育の指導方法である。

ア、個別のニーズの把握

生徒たちの不適応は氷山の一角であり、その背景を探るために、アセスメント（実態把握）に努める。心理検査・作業検査による能力・性格等の把握や偏りの把握。教育環境の把握（家庭内の課題、友人関係、虐待の有無等）

イ、個別の指導計画の作成

アセスメントの結果により個別の指導計画を作成し、授業に活用する。授業の目標を明確にする。同時に、交流教育により親学級の担任とも計画をもとにした連携を図る。

ウ、保護者と常に連絡を取り合い、定期的に相談日を設ける。

エ、特に、不登校や非行傾向の生徒には夜間や休日に家庭訪問を行う。

以上のような取り組みの成果を報告した。中心課題は、障害児に限定しない学級づくりであり、多くの「学校不適応児」を受け入れてきたが、指導は障害児の指導方法であった。

この取り組みは多くの教員の関心を集め、学校見学にくる他県の教員もいた。もちろん、反対意見もあった。障害児教育の境界線を踏み越えることへの異論である。

ただ、私の考えの中心にあったのは、荒れた中学校で問題のあると思われる「学校不適応児」の指導も、障害児教育の手法で解決の糸口を探るものであった。それは障害児教育が通常の教育を支援し変革することができることを示したいと考えていたからである。アセスメントを行い個別のニーズを探り、チームアプローチによる指導実践、保護者や教育センター、児童相談所との連携などの手法が大きな成果を生んだのではないか。

不登校の生徒指導では、四二人の生徒で年間出席三〇日を切れなかった生徒は、わずか四名であった。小学校時代の五、六年で全体だったという生徒も立ち直った。非行の生徒についても夜間の指導は大変であったが、多くはその課題を乗り越えて卒業していった。

特別支援学級の実践報告を目にして、校長はこう語った。

「特別支援学級が通常学級の課題に取り組んだ貴重な例であり優れた成果を上げた。このような成果は学校全体が後と押ししたからできたもので、担任の先生たちだけでなく、みんなに感謝したい。こんな学級が出来たことを誇りに思う」と。

教頭は、来年度は私を生徒指導担当にすると言った。生徒指導担当は、指導の困難な生徒を見ていく教員であるが、どこの学校でも体育系の強面の教員が担当するのが常であった。力の指導である。それを障害児教育の手法を身につけた私に変えようと考えたのだ。だが、それは実現しなかった。私が翌年に県の教員センターへ異動したからである。

だが、私の取り組みは私に大きな夢を持たせた。障害児教育によって、教育全体を変革できるという自信を与えたからである。そのことが実際に起こったのは、その八年後、私が県の教育委員会に在職していたときであった。国が特殊教育から特別支援教育への転換を構想した際に、神奈川県はこれにどう対応するかの議題が持ち上がった。その担当者であった私は、障害児に限定しない「支援教育」構想を立ち上げた。中学校の特別支援学級の実践が背景にある。私は「神奈川の支援教育」の創案者となり、支援教育はその後も神奈川県の教育の土台に据えられている。

3　神奈川の支援教育

二〇〇一年「二一世紀の特殊教育の在り方について」の最終報告書が出された。その二年後、国は「今後の特別支援教育の在り方について」が発表された。特別支援教育とは何か。要約すれば次のようになる。

特別支援教育とは、従来の特殊教育の対象となる障害だけではなく、LD、AD・HD、高機能自閉症を含めて、障害のある児童生徒の自立や社会参加に向けて、その一人ひとりの教育的ニーズを把握して、その持てる力を高め、生活や学習上の困難を改善・又は克服するために、適切な教育や指導を通じて必要な支援を行なうものである。

この特別支援教育は次のような特徴がある。

①障害児教育の柔軟な対応である。盲・ろう・養護学校に就学すべき障害の程度があっても、合理的な理由がある場合には小・中学校、高等学校に就学できることとした。

②従来の「障害」の観点から、「特別な教育的ニーズ」への転換である。LDなどの発達障害のある子どもたちへの対応が含まれるようになった。障害に限定しないで発達障害の子どもたちにも焦点が当てられるようになった。

③発達障害の子どもたちは通常の学級に在籍している。この子どもたちを対象にすることは、従来の障害児を受け入れる盲・ろう・養護学校の教育に限定されないことを意味し、通常の教育の改革を前提としている。

④特別支援教育は障害児教育の改革ではなく、むしろ通常の教育改革を目指したものであり、インクルーシブ教育を推進するものである。

このような特別支援教育構想が報告され、神奈川県でもその対策の検討が始まった。神奈川県では県独自の考え方や歴史がある。それとの整合性を突き合わせ、新たな教育計画を打ち出す必要があった。神奈川県では、一九八四年に神奈川県総合福祉政策委員会が今後の福祉政策について提言した。その中で教育についても触れ、障害のある子どもたちを完全に通常の学級で教育する統合教育の考え方を今後の基本的な方向として重視すると報告した。これを受けて、神奈川県の教育方針は、「共に学び共に育つ教育」という標語ができあがった。

このような方針で通常の学級に学ぶ子どもたちが他県に比べて増えていったという歴史がある。また、障害児の多様な教育形態のあり方研究協議会が開始され、通常の学級に在籍する障害児の教育について多様な対応が提言され、これが一九九三年の国による「通級による指導」の制度化に繋がっていった。このような基本的な方向性や歴史的取組を背景とする神奈川県が、国の特別支援教育構想に対して打ち出したのが「これからの支援教育のあり方」二〇〇二年に最終報告が出された。私は事務局として草案づくりに関わり、関係者との協議や説明に追われた。

神奈川の支援教育の概要は次の通りである。

神奈川県の支援教育は、その対象を障害や発達障害に限定せず、子どもたち一人ひとりが持っている課題を「教育的ニーズ」として捉え、そのニーズに対応する内容と方法で支援する教育を「支援教育」と呼ぶ。国の特別支援教育は、従来の特殊教育に三種類の発達障害を加えたものであり、障害児教育の延長である。課題を持つすべての子どもを対象にしたものが支援教育である。

神奈川県の基本的方向性や歴史的な取組の基礎の上に、通常の教育的課題を障害児教育の教育理念や指導方法によっての乗り越えることを意図するものであり、言わば障害児教育による通常の教育改革を意味している。底流にはインクルーシブ教育を見据えた教育の試みである。

支援教育構想の背景には、神奈川県の置かれている教育状況があった。教育現場には様々な教育課題が山積していた。県内の学校では、生徒の暴力行為、不登校、高校の中途退学等の実態調査から落ち着かない学校現場が浮かび上がってくる。不登校の児童生徒は当時全県で一万人を超え、特に暴力行為は全国一位を何年間も更新し続けた。教育先進県の呼び声とはほど遠い状況にあった。その有効な手立てとして登場したのが支援教育であった。私の構想の背景には特別支援学級で取り組んだ実践がある。障害児教育の手法を使って、児童生徒一人ひとりをきめ細かく指導するものだ。教育改革の推進を障害児教育の手法で取り組んでいく。特殊で個別的である障害児教育が、不変で一般的な通常の教育を改革する。この構想には、私の熱い思いが込められている。

もちろん、反対意見も異議も出された。神奈川の支援教育が大きく報道されると、教育関係者、研究者、保護者から意見が出された。研究者からは、障害児教育を曖昧にするものだとの批判が多く出された。それは、発達障害だけでなく、さらに新しい障害を創り出すことにならないかというものであった。通常の教育の課題を障害児教育が受け止めていくこと自体、障害児と特別な教育的ニーズのある子どもたちを混交するものではないか。新しい障害のレッテルを貼ることにならないかという質問であった。

私は障害と特別な教育的ニーズの間には厳密な境界線はなく、一連のスペクトラム（連続体）であることを説明した。神奈川県教育センターの調査に依れば、不登校の九％に知的障害があると報告されている。私の実践で言えば、不登校の約半数に知的障害や発達障害がある。分ける必要はない。学校生活や家庭生活に困難を抱える子どもたちを支援するのは学校としての使命なのだ。

高校教員からは、中途退学は自主的な判断に基づく進路変更であり、教育課題として取り上げることを現実乖離と批判した。文部科学省が、高校の中途退学の原因の第一を学校生活への適応と捉えていることも理解していない。つまり、中途退学は学校や教師の問題であると認識していないのだ。進路変更で生徒が勝手に退学していく。自分たちの問題であるとの自覚がない。それにも驚かされた。だからこそ、支援教育は教員の意識改革が前提にあって進展するものなのだ。

保護者からは、インクルーシブ教育への関わりについて問われた。支援教育はインクルーシブ教育を進めるものなのか。私たちの答えは明確である。神奈川県の教育の根幹にあるものは統合教育であり、「共に学び共に育つ教育」はインクルーシブ教育の創造を目指している。ました支援教育はその具体的な取組の第一歩である、と。

今現在も「神奈川の支援教育」は教育の中心に据えられた理念となっている。この教育づくりに関わった私はとても誇りに思っている。

4　障害児教育を担う人々

大学の教員養成

私が大学教員となった四年目、学長が私を学長室に呼んだ。学長はこう切り出した。「障害児教育は今の時代には最も重要なものだ。これからもよろしくお願いしたい」と。

私は新設養護学校の立ち上げに関わり、四年間校長を務めた後に大学の教員として採用された。元々福祉の大学であり、学部は社会福祉学部と子ども未来学部の二本立ての大学である。社会福祉学部では、社会福祉士と介護福祉士の資格を取って、福祉分野で働く社会人の養成を目指すもので、子ども未来学部は保育園の保母と幼稚園教師の資格を取って、幼児の保育、教育に貢献できる人材育成の学部である。そこに新たに特別支援学校教員養成の学科を立ち上げた。

大学の近くにある私の養護学校に何度か足を運んだ大学の幹部は、大学で養護学校教員養成の課程を立ち上げについて、その成否についての意見を求めたのである。私は教育委員会に一一年も務めていて、特に養護学校の過大規模化対策に取り組んだ経緯がある。特別支援学校の時代になって、これからも養護学校在籍者は大幅に増加する傾向にある。今後も新設の養護学校が続々と設置される予定であることを話し、教員不足が喫緊の課題になることを伝えた。こうしたやりとりがあった後に、ついては私を大学教員として迎えたいということになった。

そこには、社会福祉学部長の教授がいて、私の妻が所属していた教会の牧師を仕事上よく知っていた。妻は川崎市の路上生活者支援の中心人物であり、彼は当時川崎市役所の福祉課長をしていて、二人は交渉の席でそれぞれの代表であった。行政から路上生活者支援を引き出すために何度も交渉を行なった関係で知り合っていた。

私が障害児教育だけでなく、福祉や人権についてよく知っていると考えて私に白羽の矢を当てたのだ。後に、社会福祉の授業で、路上生活者の問題や外国人の福祉や人権の授業を私に割り当ててきたのはその人であった。彼は私を指して「教育者だけでなく社会の問題にも切り込んで活動している極めてレアな人物」と言った。彼の引きもあって私はその大学の教員となった。

こうして小さな福祉大学の中に、養護学校教員養成の学科が創られ、私は大学教員となった。私は今まで障害児教育の専門家としてその指導に関わり、教育委員会や学校の管理職として教員を育成する立場であったが、大学では学生を養護学校の教師に育てる仕事に就いた。

私はこの職務に大きな夢を持っていた。なぜなら、私が直接体験してきた中学校特殊学校から見ると、養護学校教員はあまりにだらしなく、子どもたちの側に立った指導ではなく、教員の都合が優先される世界だと感じていたからである。楽をするために養護学校教員になったのではないか、そうと思える教員もいた。子どもたちの人権尊重はかけ声だけで終わってしまっているた。保護者からの苦情も毎年届いていた。私は教育委員会で毎年養護学校ＰＴＡの代表者の要望を聞く会の担当者として出席して、それを受け止める立場にあった。その現場でも教員への厳しい批判が多く出された。だからこそ、自分が育てる教師像を明確にし、背骨に理想を詰め込んだ教員たちを育てたいと願った。教育職を目指す課程はつくられていても、実際には教員採用試験を突破しなければ教員にはなれない。私は理想の教師を育てる前に学力のある学生を育てることが先だと考えた。

新学科の設立時に、私は学習会の立上げを訴えた。基礎学力を付けること、社会に関心を持たせること、この二つが授業に優先するものと考えたからだ。だが、学科内で反対が起こりその学習会は消滅した。どうして教員志望者だけが優先されるのかという意見である。新学科長は心理学の専門家であり、教育を優先しないと明言したのだ。それによって学習会はなくなったが、それは表向きで、私はこっそり学習会をそのまま続けた。そうしなければ教員採用試験の合格者は出ない。教員養成は学内でも不評であった。第一回の卒業生の中で教員となったのはただ一名のみであった。その後も低調が続いた。

そんな中、新しく赴任した学長が私を呼んでこう言ったのだ。「障害児教育は教育界で最も重要なものだ。今後も障害者が増加する傾向があり、それを考えれば教員養成を止めることはできない。障害者をどれだけ大切にしているかはその国の文化度を測る基準になる」と。この言葉はどこかで聞いた言葉だと思った。さらに学長は私を新学科長になることを勧めた。後者については何度も固辞したが、執拗な説得に負け私は受けたることにした。私は大学人ではない。私は一介の校長経験者である。大学の運営に関わることに慣れていない。だが、障害児教育が重要なものだと喝破した学長の考えを受けたのに共鳴したのだ。

学長は有名大学の学部長であった。統計学が専門であり、福祉や障害者のことはほとんど知らない。だが、現在の教育界で障害児教育が何より重要なものだとの主張は、今まで聞いてきた障害児教育への侮蔑的、差別的発言とは正反対のことであり、このような学長のもとで働くことに意義を感じたのである。

かつて若くしてアメリカ大統領になったケネディは、障害児教育への対応が遅れていることを聞き、その対策のために学者を集め検討を図ることにした。ケネディはその検討会でこう述べた。「障害児者の問題をみなで力を注ぐことは、人類の英知と人間性の命令するところであり、ただ政策のためなどいうものではない。この対策の充実こそが、アメリカの未来を開く鍵である」と。

日本の障害児教育はアメリカのそれと比べると、二〇年は遅れている。そこには、健常児中心の教育、障害児者の切り捨て、社会に役立つ人間の教育の優先という、「優生思想」が教育や社会の中に刷り込まれてきた歴史があるからだ。

私は学長の語った言葉に感動した。こんな言葉が直接耳に入ることを生きているときに聞くことはないと思っていたからである。

障害児教育への応援団

私の教員人生の中でよく思い出す人が何人もいる。それは障害児教育を選び進んだ私の挫折の折に、背中を押し助けてくれた人たちである。私にとっての応援団は、そのまま障害児教育への応援団であった。

私が特別支援学級の置かれている状況に危機感を持った最初の出来事がある。それは交流授業へ参加したときであった。私が赴任した中学校には、もともと交流教育はなかった。だが、いつも少人数の学級に閉じ込めておくのではなく、様々な生徒との交流によって社会性、適応能力、人との関わりの大切さを学ぶことができる、そう信じた私は校内での交流教育を呼びかけ、職員会議に議題として提案した。近隣の学校には交流教育を立ち上げた学級があり、その情報をもとに自分の学級でも立ち上げようと模索した。まだ交流教育がそれほど進んでいなかった時代のことである。様々な論議はあったが私の提案は議決され、翌年から交流教育が開始された。

問題はそこからであった。個々の生徒の交流先（親学級）を決める学年会のクラスには不登校や非行の生徒がいて、障害児までは見られない。なぜ障害児のための学級があるのに通常の学級で授業を受けさせるのか、そもそも指示についてこられるのか、と受け入れ拒否の意見が続出したのだ。私は職員会議で決まったことが個別の受け入れを拒否する教師を見てここまでかと思った。交流教育を実施するのにもっと前に教員内で根回しの時間をかけるべきではなかったのかとも。

しかし、その瞬間に救い主が出現した。教務主任の先生が立ち上がってこう言ったのだ。「校内の生徒は学校全体で見るものだ。障害のある生徒が特別支援学級に在籍して指導を受けているが、本来は通常の学級でみんな一緒に指導を受けるものだ。今はその生徒たちのまとめて見てくれる先生がいる。どうしてこの生徒たちを拒むことができるのか。本末転倒だ」と。普段は温厚な先生が顔を真っ赤にして説得していた。結局この発言で生徒の受け入れに挙手をした教員たちが現われた。

私は思った。私が十分な根回しをしないで提案した交流教育は、すべての生徒を学校全体で見ると言い切った教務主任の発言でみんなが納得した。心からの納得ではないかも知れないが、論理は明快である。そこには今日で言うインクルーシブ教育の理念を明確に持ち、意思表明する教員がいた。私はこの先生に救われただけではない。私の模範教師として、その後の私の生き方の方向を決定づけた人であった。教務主任の先生の支えもあったのだろう。信じたことに猪突猛進する若造を陰になって支えてくれたのだ。あるとき、ＰＴＡ会長が私にこう言った。先生のことはみんなよく見ていますよ。先生のやっていることを知っていて応援していますよ」と。

私は特別支援学級に不登校や非行の生徒たちを学級に在籍させ、その指導に当たっていた。元々障害児学級に不登校や非行の生徒を入級させることはおかしいとの意見が多くあったが、現実に彼らに対して支援の手が差し伸べられていない状況を見過ごすことができなかった。様々な課題のある生徒の指導は、障害児教育の専門性を持った教員が最も相応しいと信じていたからである。教務主任はＰＴＡの人たちに特別支援学級の取組を見せようとした。

その七、八年後には、交流の親学級は私が学年会に出席して、何人かの教員にお願いすることで決めることができた。校内の行事や川崎市全体の特別支援学級の行事には、休日にもかかわらず多くの教員が特別支援学級の生徒を応援するために参加してくれるようになった。私に心を許した教員がこう言ったものだ。「あいつが言うのであれば、その内容は良く理解できなくても協力してやろう」と。特別支援学級担任は、周囲の教師の理解を得ていくことで、その閉鎖性、孤立性、後進性を乗り越えることができると確信している。教育を牽引するものは必要だが、みんなと一緒につくっていくものだ。障害児教育の根底にある理念のチームティーチングの意味を、特別支援学級の運営の中で学ぶことができた。

障害児教育教員への道

教員はいつ、どのようにして教員を志望するのか。子どもたちの将来の夢は時代と共に変化する。表5-1は「大人になったらなりたいもの」の一覧である。

この調査は、保育園、幼稚園と小学一〜六年生を対象に行った結果である。この調査では、男子が野球選手やサッカー選手が上位を占め、学者・博士の登場はノーベル賞受賞したことが背景にあると言われている。女子は食べ物に関した職業が長年上位を占めている。会社員はおそらく在宅勤務の増加が要因と考えられ、ユーチューバーやゲーム制作など現実の子どもの知る世界で重みを持っているものが登場してきたと考えられる。

この中で、学校の先生や保育園幼稚園の先生は女子に圧倒的な人気があるのは、自分が受けてきた学校教育を肯定的に受け止めていると思われる。「あんな先生になりたい」という子どもの頃の思いが、なりたい職業に結びついているのだろう。

では、その頃に持ち得た学校の先生という職業に実際に就くのはどれくらいの割合なのであろうか。かつて教師採用試験が難関だった時代には、小学校教員の倍率は七〜八倍であった。中学・高校の社会科教員は二〇～三〇倍だった頃もある。現在では学校の教員という職業自体がブラック企業なみに嫌われ敬遠されるようになり、小学校の倍率が二倍程度というところもある。国の教育行政のお粗末さが今日の状況を招いている。

教員という職業を考える場合は、少なからず子ども時代に自分が受けた教育に対する評価が前提にある。担任の教え方、指導のあり方、学級運営のあり方、子どもたちへの関わり方、それらが高く評価され、その印象が心にとどめ置かれる場合に、将来の夢として、「あんな先生になりたい」という進路選択が起こってくる。担任や指導する教師に良い印象を持たなかった学校時代を過ごした者は、決して教員になることはない。これは、通常の学級である小・中学校・高等学校の教員を目標にした場合である。

それでは特別支援学校や特別支援学級の教員を志望する場合は何が動機としてあるのか。私は神奈川県の教育センターに勤務していたことがある。当時、特別支援学級担任者研修会を担当していて、その研修会の講義を国立大学教授が担当

表5-1「大人になったらなりたいもの」（2020）

		1990年	2000年	2010年	2020年
男子	1位	野球選手	野球選手	サッカー選手	会社員
	2位	警察官・刑事	サッカー選手	野球選手	YouTuber
	3位	おもちゃ屋さん	学者・博士	学者・博士	サッカー選手
	4位	サッカー選手	大工さん	警察官・刑事	ゲーム制作
	5位	パイロット	消防士さん	お医者さん	野球選手
女子	1位	保育幼稚園の先生	食べ物屋さん	食べ物屋さん	パティシエ
	2位	お菓子屋さん	看護師さん	保育幼稚園の先生	学校の先生
	3位	学校の先生	お花屋さん	学校の先生	保育幼稚園先生
	4位	看護師さん	保育幼稚園の先生	お医者さん	会社員
	5位	お花屋さん	歌手・タレント	看護師さん	漫画家

したことを覚えている。彼は講義の中では、特別支援学級の担任になるのに動機は、次の五つのケースがあると語った。

①教員になる最初の段階から障害のある子どもの教員になることを希望したケース。小さい頃の経験として障害者との関わりがあり、使命感を持ってこの教育の世界に入った人。
②自分が結婚して生まれた子どもに障害があり、我が子との関わりから職業として障害児教育を望むようになったケース。
③最初は望んではいなかったが、校内の人事で管理職に頼まれて受けたケース。やっているうちに興味関心がわいて、この道を選んだ人。
④体力的に通常の学級で指導するには限界を感じるようになり、特別支援学級の方が楽ができると自分から希望したケース。
⑤指導力不足と管理職が判断して、特別支援学級を担当させられたケース。

随分正直に語った講義だけに、私の心に強く残った。

私自身はどうなのかについては既に述べた。ただ、大学卒業と同時に教員になったのではない。そこに至るまでには様々な紆余曲折があった。小児結核を患い、病院通いと欠席の多かった私は、社会に出て有用な人間になるなどとは考えもしなかった。だが、高校時代に読んだ島崎藤村の「破戒」の中で部落差別という問題が世の中にあることを知り、しかもそのモデルの生家が私の家の近くにあったことを知り、私は社会の中の差別に苦しむ人のために生きようと思い、弁護士になることを考えるようになった。大学は法学部を選び司法試験を目指したが、大学紛争の中でていつしか弁護士になる夢は消えていった。卒業後は石油会社に勤め、三年間輸入課に所属して、原油の買い付け、タンカーの配船などの営業の仕事に携わった。転機が起こったのはその時期である。学生の頃から宗教や哲学に強い関心を持っていた私は、キリスト教会に通い、信仰を得て牧師になる決心を与えられた。神への召命である。石油会社を三年で辞して、再度大学に入学して神学を学ぶことになる。ただ、その時思ったことは、私のいた教会は川崎市の南部にある貧しい人たちの教会で、ホームレスや障害者が集う教会であった。そのこともあって神学校卒業後は貧しい人たちの教会の牧師になることを志望するようになった。そのためには、地上では自分の生計は自分で支えると、そのための職業を持つことが必須と思い、教職課程を取ることにした。パウロが宣教しながら、テントづくりの職業を続けたことに準じようとの現れである。それが私の教員志望の動機である。貧しい人たちの教会の牧師になるために、教師になる。このような二足わらじが許されるかと何度も自問することが続いた。

同時に、教師になったら障害のある、そして様々な問題を抱えた子どもたちの教師になることを考えていた。そもそも私には小児結核、吃音、色覚障害という障害があって学齢期は苦しんでいたことを考えれば、障害児学級担任になることは必然で会ったと思う。

貧しさの中で苦しむ人々と共に生きる牧師の私は、障害や不登校、外国籍や人との関わりが苦手な子どもたちの教師という、二つの職業人として生きようと願った。私の周囲には、信仰を持ったクリスチャンの教師たちがいた。障害のある子どもの教師として尊敬する先輩もいた。私が障害児教育の教師になったのは、ある意味、極めて独善的な理由からである。牧師をしているから時間がない、全力投球ができないなどは許されない。幸い、私の妻も牧師であったために、教会の運営の中心は妻が負った。そのため教師である私にかかる負担は決して耐えられないようなものではなかった。

私が教師として、それも障害のある子どもたちの教員になったのは、一つには自分自身が病弱だったことである。小児結核、吃音、色弱。この三点が私を苦しめた幼い記憶が残っている。障害に苦しむ子どもたちの教師になりたい。それはごく自然の成り行きであった。もう一点は、教会の苦しむ人たちへの思いが、私を押し出した原動力でもあった。

先ほどの研修会の講義に戻ろう。上記の障害児教育の五ケースについて見てみよう。私は大学教員として障害児教育の教員養成に関わる指導をしてきた。教職に就いている教え子たちは五〇名を超え、県内の学校に勤務している。多くは特別支援学校である。私のいた大学は福祉が専門の大学であったが、特別支援学校の教員不足の状況から、教員養成を図ることにした。そのために私は呼ばれた。教員養成の日は浅く、卒業生も多くはない。だが、最初から障害のある子どもたちの教員になりたいと志望する学生たちがいた。彼らは小・中学校時代に障害のある子どもと友達づきあいをしてきた者も少なくない。中学まで仲良く付き合っていたのに、高校は普通の高校と特別支援学校高等部にそれぞれ分かれて進学したが、友達のいる学校の教員になることをずっと考えてきた学生もいる。また兄弟に障害児がいて、その相手を幼少からしてきた学生は、

「これは自分に課せられた宿命の道です」と語った。あるいは、大学でのボランティアで特別支援学校や障害者施設に行き、これが一生の仕事だと感じた学生もいる。

また、特別支援学級や特別支援学校の教員の中には、自分の子どもが障害児であり、それまでは通常の学校で教科を教えていたが、自分の生き方が問われたと、障害児教育をもっと突き詰めたいとの思いで志願する教員も少なくない。

問題なのは、④楽ができるからと障害児教育を選んだ教員たち。こちらも少なくないことだ。年齢が上がると通常の学級担任や教科指導がきつくなってくる。特別支援学級の教員で体育の教員が多いのは、体力的な問題を抱えていることが容易に想像がつく。荒れた中学校の時代には、ある学校で特別支援学級担任希望者が続出して、校内人事に時間を要した学校もあった。楽ができるから障害児教育へというのは、子どもの人権侵害である。手抜きしても許されると思っていること自体、障害児教育が人権の問題であることを理解していないことになる。

⑤の問題教師を送り込む場所というのは、そもそも教育における人権尊重の精神が問われている。実際にこのような事例をたくさん見てきた。高校からの転勤者もしかり、ある特別支援学校では、何か問題のある教員が毎年送られてくる。体罰やらや博打やら様々な問題行動をして、一時のほとぼりを冷ますために送られてくる。こんな噂が地域で漏れてくると、学校の評判は一気に下がる。

二〇〇四年一〇月、横浜市の個別支援学級(特別支援学級)で体罰や不適切な指導が行われたと新聞に報じられた。これは市内の個別支援学級担任が長期にわたって児童虐待を行っていたことを受けて、個別支援学級の保護者対象にしたアンケート調査を行い、その結果約二割の保護者から担任の指導の改善が要求されたという。体罰をはじめ、威嚇的な指導、やる気のない指導など教員の指導力不足が指摘された。

私は時代とともに、障害児教育に対する見方も変わってきていると感じている。一つには社会全体の人権尊重の流れが大きく関係している。障害者は嫌いだ、何をするか分からない気味の悪いと言う人々が多い。一方でこのような差別発言を公然と言えない状況がある。

確かに、津久井やまゆり園事件の犯人の犯罪を、「良くやった!」と叫ぶ年輩の人たちはいる。しかし、その人たちは障害者と一緒に生きる場面がなかったことか強く影響している。障害者はある意味で隠され、社会の片隅でひっそりとして生きてきた。地域住民との触れ合いやボランティアなどの経験に乏しく、それらがいつの間にか偏見に基づく差別感情が生じさせてきたのであろう。

だが、若者たちは状況が違う。障害のある子どもたちとの触れ合いや共同学習が教育プログラムに設置されていて、障害児を忌避する感覚は薄い。地域にもマスコミにも障害者が大勢登場していて、境なく関わり合う環境を生きている。さらに言えば、発達障害を含めて障害者が身近に見える存在になってきたことがある。通常の学級でもLD(学習障害)やADHD(注意欠陥多動性障害)の子どもたちが在籍し、その障害名を知っている子どもたちも増えてきている。

かつて、障害児教育の教員になろうとする人たちは少なかったが、今では自分から進んで障害のある子どもの教師になりたいと考える若者が増えてきている。

私がずっと長い間思っていた「障害児教育に市民権を！」という心の底にある看板を降ろしても良くなったのだろうか。

5　通常の教育を改革する障害児教育

私が校長であったときに、久里浜にある日本特殊教育総合研究所の元所長の大学教授の方を校長研修会の講師に呼んだことがある。これからの障害児教育というテーマで、特別と支援教育への転換の課題を中心としての話を聞いた。その方の話の最後に、障害児教育は通常の教育を補完するものであり、変革する要素があることを語った。その部分は大変興味深く、今でも心に残っているが、障害児教育は通常の学校の児童生徒の学力向上にも役立つとの発言もあった。それは、かつて通常の学級から障害児を排斥し、落ち着いた学級にするという考え方ではなく、通常の学級に在籍する障害児、発達障害児を専門の観点から指導することによって、学力の伸びることになる。このように障害児教育が通常の教育を取り入れることによって、教育的効果が大きく上がると述べた。

私はその言葉を聞くことで、月日の流れを知った。三章で述べた「わが国の特殊教育」（一九六一年）を書いた人物は、初代の日本特殊教育総合研究所長であった。彼は日本で特別支援学級をつくるのは、通常学級にいる子どもたちが集中して学習に取り組める環境作りであると言った人である。障害児は健常児のために、排除されるべきものであり、日本の教育の中心は健常児のための教育であると、堂々と優生思想を展開したのだ。

五〇年近く経過して、同じく所長の地位に就いた人が、障害児教育こそが通常の教育を変えるものを持っていると断言したのだ。排除の思想から共同の思想への転換である。時代は大きく変わった。

私自身は、もっと先鋭的に教育の変革は障害児教育がその鍵を握っていると断言する。それは拙著や講演で語ってきたことであるが、背景にあるのは、私が中学校の特別支援学級の担任として、様々な教育的ニーズのある生徒を受け入れ指導してきた経験である。結果的にその経験が障害児教育への評価を高めることになり、通常の学級担任の指導のあり方や、教育観を変えていき、学校全体が障害児教育の手法を参考にするようになった。それらについて端的に述べたい。

6　障害児教育が提唱する共生教育

自立活動必修化のすすめ

学校には様々な教育的ニーズのある子どもたちが在籍している。障害のある子、発達障害の子、不登校や非行の子、外国籍や虐待の被害者、貧困家庭の子等、個別の配慮や対応が求められる子どもたちが多い。それは小・中・高等学校という学校枠に関係なく、また年齢層に関係なく存在している。

文部科学省が毎年作成し公表している資料に、「児童生徒の問題行動等生徒指導上の諸問題に関する調査」がある（表5-2）。二〇二〇年度の統計資料には次のように記載されている。

このような数字を見ただけで多くの子どもたちが様々な課題を持ち、その中で苦しんでいることが分かる。私は障害児教育の教師であるので、文部科学省の「問題行動」というレッテル貼りには異論を持っている。問題行動とは、学校や教師側から見た問題行動であり、子どもの側からはむしろそのような枠組みに追いやられている子どもたちと見ているからである。この統計資料の実態は、学校があるいは教員が様々な課題を持つ子どもたちに十分に対応できていない事実を示すものである。

不登校の子どもたちが小中学校に二〇万人近くいるということは何を指しているのか。この数字は在籍児当生徒数の二％になる。かつて神奈川県教育委員会に在職していたとき、神奈川県の不登校児（小・中学校）が一万人に達していて、全国では一〇万人を超えていることに驚いたことがある。それから二〇年

表5-2「児童生徒の問題行動等生徒指導上の諸問題に関する調査」（2020）

	小・中学校	高等学校
いじめ	517,163	13,126
暴力行為	66,201	3,852
不登校	196,127	43,051
高校中途退学		34,965
自殺	415	517

経った今、不登校児は倍増して二〇万人に及んでいることを知った。これは様々な価値観の多様性とも言えるのか、学校に登校することが必ずしも良いことではないという考え方が固定してきたのか、あるいは学校制度の不備が不登校状態をつくっていると言うべきなのか。

ただ、私は不登校を社会自立や進路の問題としてみる立場を取っている。不登校の先に何を設定するのか、どう考えるのかの視点こそ重要と考えている。

障害児教育の教育課程に、「自立活動」という領域がある。一九七一年障害による様々な困難を改善・克服してその可能性を伸ばし、社会により良く適応できるしていく資質を養うための教育とされて設置された。目的は障害児の社会自立にある。

内容は六区分二六項目に分かれ、例を挙げれば、「健康の保持」の領域には、生活リズムや生活習慣の形成などがある。「心理的な安定」には、情緒の安定や状況の理解と変化への対応などが記載されている。「人間関係の形成」には、他者との関わりや集団への参加などがある。

この自立活動は、元々重度重複化してきた障害児の指導のために、「個別の指導計画」の作成が義務づけられたことによる。たが、現在では障害の重度化もある一方で、障害の軽度化、多様化への対応が困難という傾向が強い。いずれにせよ、障害の個々の特性や傾向を摑み、適切な指導のためのツールとして用いられている。

私がこの自立活動をすべての子どもたちのために使うことを進めるのには、通常の教育の一斉指導や画一的な教育では、これからの教育が成り立たないと考えるからである。子どもの多様化、個性化の時代に合った教育の模索が続いている。その中で、この自立活動の考え方やその活用は、多様化時代の今こそ有効ではないかと思う。

高等学校の現場では生徒の実態に合わせた取組が進んでいる。神奈川県では発達障害の生徒を対象に、「クリエイティブスクール」二〇〇九年、「通級による指導学級」二〇一四年、そして知的障害者を入学させる「パイロット校」二〇一七年に開始した。福島県の高校では、「自立活動」を教育課程に設置して、社会自立や職業教育に活用している例がある。児童生徒の多様化の時代に、一人ひとりの個別ニーズに対応するために、自立活動は極めて有効であると思う。

福祉教育

日本では福祉教育は本気で実践されているだろうか。大学教員時代、障害児教育が私の専門であり、そこではインクルージョンについて語る機会が多かった。大学教員として地域の社会福祉協議会のスーパーバイザーとして、大学と社会福祉協議会の連携事業を立ち上げたが、その中心課題は地域の福祉教育の充実であった。だが、調査して驚いたことには、地域の諸学校での福祉教育の希薄さであった。通常は小学校の三、四年生で行なうべき福祉教育は、わずか数校でしか実施されていなかった。中学校や高等学校でも「総合的な学習の時間」で取り上げている学校は多くはない。数学や英語の補習に使われているところが目立つ。つまり、日本の学校では福祉教育に取り組む機運に欠け、社会福祉協議会の求めに応じて参加する少数の学校だけであることが分かった。学校教育では福祉教育に重きを置かれていないのだ。現在の社会状況を見れば、今こそ福祉教育に期待する時代なのではないのか。多様性とインクルージョン（包みこみ）がこれほど求められている時はない。

福祉教育とは何か。福祉とは幸せや豊かさを意味する言葉であり、憲法二五条の生存権の保障を基盤として、憲法一三条の幸福追求権の実現を目指すものである。福祉とは、人を幸せにすることやより良く生きることを示す言葉である。人は自分だけの幸せだけを求めるのではなく、周囲の人のことを大切にし、他者の幸せを心がけて生きることが求められている。福祉教育とは、すべての人がかけがえのない存在として尊ばれ、差別されたり排除されたりすることのない社会生活の中でともに支え合い、一人ひとりが生きる喜びや人との温かな関係を感じ取れる「共に生きる力」を育むことを目標とする教育である。

この教育が教育界で希薄になっている要因は何か。むしろ社会の分断、排除、差別がこれほど横行する原因は、福祉教育の欠落にあるのではないか。教育成果とは成績の向上だけが重点であり、人間性の豊かさや共生性が二の次になっている。だから福祉教育などどうでも良いと考えられているのではないか。

私が福祉教育の重要性を上げるのには、私自身の体験がある。一つ目は、新設養護学校の設立に当たって地域住民の建設反対運動に直面したことである。この地域に障害者が大挙してやってくれば、治安が悪化して住民の不安が増すことになる、地価が下がると、様々な理由を付けて住民は反対を表明した。開校一年目の入学式の当日、校門前には大きな車が置かれて学校への通行が不可能となった。反対運動の人たちの意思表示である。これには、保護者はみな憤り、悔し涙を流した。学校が置かれた場所は「人権の町」「共生の町」を謳う市であった。その地域は、高齢者施設の建設にも反対して廃案にさせ、不登校児のための「適応指導教室」の設置にも反対し、教育長が直接住民集会に出席して理解を求めた経緯がある。

その地域は市内でも最も経済的に恵まれた人たちの居住地区であった。経済的な豊かさは、逆に心の貧しさに繋がる。東京の南青山での児童相談所設置に住民が反対した例と重なる。私は、大人は差別し排除する。しかし、そのような大人ではなく、弱く苦しむ人の気持ちを理解できる子どもたちの育成にこそ大切と考えた。そのような中で取り組んできたことは次に述べるようなものである。

私は新設養護学校の初代校長として赴任したとき、校長は校長室に座っていないで学校から地域に出ることを心に誓った。それは学校設立反対運動を受けた学校が、地域を受け入れ、地域を変革し、地域と一緒に地域社会を創ることを念頭に置いたからに他ならない。まず、子どもの変革である。障害者、外国人、貧しい人たちを差別、排除しないで受け入れ、一緒に社会をつくる「共生教育」の取組を試みた。

私自身の経験から、福祉教育の重要性を語る。大人も子どもも苦しむ人、貧しい人たち、弱い立場にある人たちを理解し、一緒に生きる社会を目指すために福祉教育は必要なのだ。そのような中で実践してきたのが次のようなものである。

① 障害理解教育の実践

学校教育の目的は在籍する児童生徒への適切な教育を行なうことに留まらない。教育とは自立する社会人を育成し、社会の発展に寄与する民主的な人間を育てることである。自身の利益追求が人生の目標と考えるのではなく、社会の中で苦しむ人、貧しい人、差別されている人を排除しないでみんなで助け合い支え合う社会の実現を心から願う人間の育成こそが教育の中核に位置しなければならない。

そのためには、現実の世界で差別に苦しみ、排除される人々に寄り添う心の涵養が求められる。先ずは差別によって苦しむ人を理解することからはじめなければならない。

私は障害児教育の教師になった時から、障害のある児童生徒が馬鹿にされたりいじめの対象になっていることに深い悲しみに遭うこともしばしばであった。いじめられた生徒の学級に行って生徒たちに障害者への理解を訴えたことや学年集会で自閉症の特性について授業を行なったこともある。生徒たちは障害を知らない。障害のある生徒がどれほどの苦しみを抱えているかを理解しない。だからいじめや差別が起こるのだ。

私は養護学校の校長になってから地域の小・中学校・高等学校や大学にまで行って障害理解の授業を行なってきた。地域の校長会に行き、特別授業を受けてくれるかを依頼して年に何回かの授業を行なった。授業だけで終わらないで、養護学校や近隣の障害者施設との交流も用意して参加してもらった。それは手探りのものであったが、障害者を理解して一緒に製作活動等を行なうことによって、身近な存在として障害のある子どもを受け入れることが、障害者をはじめ、どんな人も共生社会をつくる第一歩であると信じて行なってきた。それは大学教師になっても続いた。そして、障害理解教育は私のライフワークになっていった。大学教師時代には、教え子のゼミ生を誘って授業を行なった。百人程度の小中学生を対象に約六〇分の授業を行い、その後に設定している養護学校や地域の障害者施設との交流についても説明した。頭で理解するだけでなく、実際に交流や共同学習によって、障害者と健常者の壁がなくなっていく。ゼミ生の多くは養護学校の教師となるが、通常の学校の子どもたちに障害理解教育を行なうことも、養護学校教師の役割であると教えた。実際に、養護学校の地域支援担当になった教え子の中に、地域の学校での障害理解教育の授業に取り組んでいる者もいる。障害自体分からず、障害者を差別や偏見の対象にしてきた今までから、新たな共生の社会を創り出す子どもの育成である。

地域との連携を考える上で、神奈川県内五〇校の特別支援学校の校長たちが、この取組を継承してくれることを願っている。小さな歩みであっても、津久井やまゆり園事件を二度と起こさない共生社会実現の土台作になるはずだ。

② インクルージョン講演会

私は特別支援学校の校長として、また福祉系の大学の教員として、一般の人たちへ講演をする機会をたくさんのいただいた。あるときは障害児教育について、あるときはホームレスや外国人についての講演であるが、すべてそれらはインクルージョンについて語るものであった。

学校の開設に当たっては、障害理解に重点を置いた話となった。学校設立に対して地域住民が反対運動を起こし、その当事者であった校長の私は、障害とは何か、障害者と共に生きるとはどのようなことか、新設特別支援学校はどのような学校か等を話した。「障害者は恐い」「地域の安全は守れるのか」「何かあったらどう責任を取るのか」等の質問を受け、特別支援学校の設立に反対する人たちを前に、私は障害者は普通の人たちであることを伝えた。新聞やニュースに出てくる犯罪者とは違うことを強調した。特に、精神障害者や発達障害者の犯罪が報道された時期であったために、単に犯罪者になる人たちとは違うということだけでなく、そのような犯罪者になる背景や支援のあり方についても丁寧に話した。人は環境によって人間になる。その環境のあり方こそ問われるべきものであり、最初から犯罪者になるわけではない、と。

講演会は学校開校前に四〇回を超え、設立後も年数回続いた。あるとき地域の高齢の婦人が語った言葉は忘れられない。私が好んで語った言葉の中に、「人は高齢者になるのではなく、障害者になる」というものがある。障害者を特別な人と見ることではなく、自分の中に障害があることに気付かせ、人はすべて障害者であるというインクルージョンの考えを分かりやすく述べたものである。自分は障害者ではない。障害者とは関係ないと考えていたことから、一転、自分も障害者の仲間だったと知ることによって、障害を特別視しない。そこで、人は年取ればすべて障害者になる。それは最初から障害のある人間として生まれ、年老いてそのことが明確になる。だから人は高齢者になるのではなく障害者になるのだ、と。

第1章でも紹介したエピソードだが、私の話を聞いていた一人の高齢の婦人が立ち上がってこう言った。「先生の言葉はよく分かりました。私は障害者が恐いと思っていましたが、私自身が障害者になっていることに気付きました。もう障害者を恐いとは思いません」と。
この高齢の女性の言葉は皆の心を打った。私の心にも強いインパクトを残した。人はすべて障害者である。この原点に立つときに、障害者差別は解消への第一階段を上がるのだ。発信することは理解を促すことである。沈黙していては何も広がらないことを学んだ。

③ボランティア養成講座の設置

地域から障害者、外国人等を排除しないで包みこむインクルーシブな社会にすることを目指して、私はボランティア養成講座を拓いた。障害者を拒絶した地域が、障害者を受け入れ、共に助け合う地域になっていくためにボランティアとして障害者に関わることを新設養護学校の地域活動の中核に据えた。養護学校設置反対は障害者を知らないが故に起こることだと思ったからである。「何をするか分からない人」「理解することが難しい人」「意思疎通が困難な人」等、障害者への偏見がある。知らないが故に接することがないが故に起こることである。

ボランティア養成講座は、障害とは何かについて学ぶ。障害者が実際にどれ位いるのか、どんな教育を受け、成人となってどんな生活をしているのか、どんな障害があり、その特性や対応はどのようなことかを学ぶ。基本は障害者は特別視する人ではなく、普通の人として見ることに尽きる。憐れみや同情ではなく、独りの人間として捉えることである。その前提にあるのは、自分もまた障害者の一人であると知ることによって、相手を下に見ない視点が生まれる。同じ助けを必要とする人間同士と意識することである。

障害特性やその対応は短く要点をまとめて伝える。知的障害や自閉症の人に対しては、言葉による説明よりも視覚で理解できるもの（写真、絵、見本等）での理解の促進を、脳性マヒの人に対しては、言葉がけを優先し、無言で勝手に動かさないことを徹底する。障害者は人であって物ではない。

このような講義の後に、実際に授業や様々な活動の中で障害児との関わりを持つ。子どもたちにとっては、教師や保護者以外の第三者との関わりは、広く社会を知ることに役立ち、人との関わりにも興味関心を寄せることになる。

私はこのようなボランティア養成講座を新設養護学校で拓いた後、大学教員として赴任した大学でも、地域の社会福祉協議会と連携して毎年講座を拓き、障害者との触れ合いの場面をつくって参加してもらった。ボランティア養成講座は一年に五回にわたって行なわれ、「ボランティア基礎講座」「ボランティア専門講座」「ボランティアフォローアップ研修」「ボランティア交流会」「ボランティア祭り」に分かれ、受講者がボランティアとして地域に根付くための質の高い講座を実行した。毎年百人を超える参加者があり、大学と社会福祉協議会の協働事業の見本となり、各地の社会福祉協議会が見学に来るほどであった。

特に、現在のように分断と排除が顕著になっている時代のボランティアに求められるものは大きい。それは、ボランティアとは学校や施設の障害者を外の地域社会に開いていく役割を持っているからである。言葉を換えれば、インクルーシブ社会実現の使命を担った人たちなのである。「障害者を恐い」という人を前にして、障害者は私たちと同じ人間であり、彼らと一緒に地域社会をつくる大切な人たちであることの証人となる人たちなのである。インクルーシブ時代のボランティアこそ、共生社会の先端に立つ人である。

道徳教育から福祉教育へ

私は従来から「道徳教育から福祉教育へ」を訴え続けてきた。道徳教育と福祉教育はそれぞれ目標とするところの違いは明確である。

道徳教育の目標は、児童生徒の道徳性を養うことである。文部科学省の小学校学習指導要領では、「自己の生き方を考え、主体的な判断の下に行動し、自立した人間として他者と共により良く生きるための基盤となる道徳性を養うこと」とある。小学校や中学校の道徳科の目標は、「……道徳的諸価値についての理解を基に、自己を見つめ、物事を多面的・多角的に考え、自己の生き方についての考えを深める学習を通して、道徳的な判断力、心情、実践意欲と態度を育てる」と記されている。

従来の「道徳の時間」から「特別の教科道徳」へと改正され、小学校では二〇一八年から、中学校では二〇一九年より完全実施されるようになった。背景には二〇一一年大津市で起きた深刻ないじめ事件の存在である。文部科学省は、「いじめに正面から向き合う『考え、議論する道徳』への転換に向けて」を報告し、痛ましいいじめが起こらないようにと「いじめは許されない」ことを道徳教育の中で学ぶことが必要であると述べている。学校のいじめの解消に向けて取り組んだのが、「道徳科の設置」である。だが、道徳という心の問題を教科で教えることで、いじめがなくなるのだろうか。いじめは社会にある大人の歪んだ人間関係の写しである。

心の問題を国の教育が扱う問題性は、戦前の『修身』への復活を想定させる。第二次世界大戦の戦争責任が曖昧にされ、過去の国家的犯罪に後ろ向きな現在の政治のあり方を見るときに、道徳教育の推奨を特別に取り上げることの危うさを思わざるを得ない。郷土愛や愛国主義は、この原稿を書いている時点に始まったロシアのウクライナ侵略を見るまでもなく、ロシアへの愛を掲げるプーチン大統領の国家観に見られるものであり、国際協調、国際平和主義から見れば、極めて危険な発想である。

しかも、日本では道徳教育を声高に叫ぶ政治家が、極めて不道徳な人たちであることを私たちは知っている。道徳的に高潔な政治家は道徳の国民への押しつけをしない。私の友人である小学校の元校長はこう言う、「嘘つきの政治家は、子どもたちに嘘をついても良いこと教えている」と。この政治家のどこに道徳心が宿っているのか。この時代に、道徳の教科化が行なわれた。最も道徳からは遠く離れた不道徳政治家が道徳教育のあり方を説く。こんな理不尽で滑稽な事態が日本では起きているのだ。

いじめは不誠実で嘘をついてまで自分の主張を貫く大人の生き方の裏返しなのだ。

一方、福祉教育は、インクルージョン（包みこみ）とダイバーシティ（多様性）のある社会の実現を求めるものである。今日の分断・排除の社会をお互いに助け合い支え合う共生社会の実現になくてはならないものである。愛国心をたたき込むことより、社会の中で支援を求めている人々との共生を学ぶ教育がどれ程重要なのか。一年に三五時間の道徳の授業ではなく、障害を学び、ホームレスや外国人との交流に触れ、助け合って生きるとは何かを学ぶことこそ優先する教育ではないのか。

教育は社会人を育成するためのものである。壊れかけている社会をもう一度手を繋ぎ合って、一人ひとりを大切にする人間の育成に力を注ぐべきではないのか。

三章では、障害者差別が今日まで全く解消されずにいる原因として、教育に刷り込まれた優生思想があることを、多くの事例で語ってきた。優生思想は容易に私たちの中に入り込んでくる。なぜなら、人は差別を好む生き物であり、誰かを自分より劣っている、価値のない奴だと認めることで自尊心が高まるからである。この差別を生み出す構図の自尊心や高慢については、後段で述べるが、障害者蔑視の優生思想により、障害児教育も障害児学校・学級も蔑視の対象となり、苦難の道のりをたどった。

私は長く障害児教育に携わって生きてきた。今でも拭えない思いとして心の奥底にあるのは、障害児教育が日本の教育界で市民権を得られていないということである。人によってはそれはもう何十年も前のことだ、もうとっくに解消されていると言う人もいる。だが、私にはそう思えない。教育現場を去った今でもその思いは強く残っている。

日本の知的障害児教育の草分けであった「滝之川学園」の二代目学園長であった石井筆子の生

涯は、本やテレビドラマ化されていて多くの人に知られている。文明開化後の日本社会では、富国強兵政策がとられ、障害者などの弱者は排除された。そんな状況の中を障害児教育のために生涯を捧げた石井筆子の人生に多くの示唆が与えられる。様々な苦難が彼女を襲う。順調に行きかけた障害児学校が、大正九年に火事に遭い園児六人が死亡する。子どもの手となり足となるつもりであったが、「私の精神は砕かれた」と筆子は語る。

夫亮一と筆子は必死になって学園の存在を模索する。そしてこう述べる。

「子どもと共に学び共に生き、もし糧なかりせば共に死せん」と。

さらに亮一は筆子を励ます。

「人は相手を支えているときは、自分のことばかり考えている。しかし、相手からどれだけの恵みを与えられているかは気づかないものだよ」と。

石井亮一・筆子夫婦の障害児への途方もない愛情と、支えるものが支えられるという信仰の神髄に導かれる生き方。これこそが障害児教育の教師の生き様なのだ。

石井筆子の和歌には障害児への強靱な愛情が込められている。

いばら路と知りてささげし身にしあればいかでたわまんたわむべきかは

そして筆子より先に天国に召された二人の娘の墓碑にはこうある。

鴿無足止處　還舟（鴿足止めるところなく、舟に還る）

障害のある二人の娘たちは、この世でしっかりと足をおいて生きる場所がなく、天国へ還って行ったという意である。障害者がこの世で支えられて居場所があることを夢に描いて、日本社会で初めて障害児教育を切り開いた石井筆子の思いを、私たちは繋げなければならない。筆子の時代もそして現在も、障害児教育は日本の中では特にまだ市民権を得ていない。どうしたら障害者が道の真ん中を堂々と歩く日が来るのだろうか。私はそれを心から願い、そのための取組を重ねてきた。

石井筆子の物語を学生たちに聞かせ、君たちが差別と偏見をなくす取組をしなければならない。地域社会をそして社会背全体を変えなければならないと、私は語ってきた。先覚者の思いを私の胸に、そしてそれを託す教え子の心に植え付ける。それが私の役目である。

6章　インクルージョンへの道

1　インクルージョンとは何か

インクルージョンは、元々高齢者を地域や家族から切り離した隔離生活を強いることへの疑問から始まった。高齢になって地域や家族では介護できないという理由からと、今まで長年親しんだ場所や場所から、別の場所に移動させて生活するあり方への疑問から、障害や認知症があっても今まで通りの暮らしの中で支え合うシステムの構築の研究が始まったことによる。

従って、インクルージョンは当初の高齢者問題から出発し、やがて福祉学や教育学の分野の研究が主体となった。今日では、福祉や教育に限定されず、様々な分野の中で差別や排除、偏見の下にある人々に焦点を当てて、社会全体で包みこむあり方を、インクルージョン（包みこみ）と言うようになった。

ここでは、インクルージョンの先駆的な研究である福祉学や教育学の視点から、インクルージョンとは何かを説明したい。

平成二四年文部科学省は、「共生社会の形成に向けたインクルーシブ教育システム構築のための特別支援教育の推進」の報告書を発表した。この中で共生社会について、次のように提言している。

「共生社会」とは、これまで必ずしも十分に社会参加できるような環境になかった障害者等が、積極的に参加・貢献していくことができる社会である。それは、誰もが相互に人格と個性を尊重し支え合い、人々の多様な在り方を相互に認め合える全員参加型の社会である。このような社会を目指すことは、我が国において最も積極的に取り組むべき重要な課題である。

報告書では、共生社会がこれまでに実現できていなかったことを踏まえて、共生社会とは障害者等が積極的に参加できる社会のことを指すものであること、相互に人格と個性を尊重する社会、個々人の多様な在り方を認め合い、かつ全員参加型の社会を示すものとしている。過去の歴史の中でその存在が否定的に見られ、社会の片隅に追いやられてきた人々が大勢いたことを直視して、「排除しない社会」こそが「共生社会」であることを記している。

報告書には、この共生社会の実現に向けて、「インクルーシブ教育」を重視して、障害のある者と障害のない者とが共に学ぶ仕組みについて述べ、障害のある者が教育制度一般から排除されず、生活する地域の初等中等教育の機会が与えられること、また、個人に必要な「合理的配慮」

が提供される等が必要であると記している。

また、ここで言われる積極的参加と全員参加の持つ意味は大きい。障害児者は本人の意思よりも周囲の人々（保護者、教員、指導員等）の考え方が優先される場面がある。しかし、個人の意志は誰によっても代弁されるものではない。本人自身の意思の尊重こそが大切なのだ。かつて、「親は障害者の代弁者たりうるか」と問われたことがある。障害当事者の考えなのか、親自身思いなのかを見極める必要があるからだ。また、社会に合わせて障害者が歩み寄るのであれば、共生ではなく同化となる。障害者の意思表示こそ大切なものではないかが問われている。積極的な参加とは、それを迎える社会も歩み寄りが求められる。つまり、共生とは、ただ一方的に少数者を受け入れのではなく、それぞれの主体的な歩み寄りが前提にあるということ。その点が明確でないと、「障害者の受け入れ」というように社会の側が上から目線での「受け入れてやる」ということになりかねない。共生には、支援する者、される者というような上下関係はない。全員参加とは、みんなで一緒にすることでの共に生きることの喜びの感情が込められている。

インクルーシブ教育とは、共生社会実現に向けた重要な教育であることが示されている。

2　世界的な動向

ここで少し世界的な動向を理解しておきたい。インクルージョンやインクルーシブ教育の言葉や考え方は、一九九〇年頃にアメリカやカナダで広がったものだが、一九九四年、スペインのサラマンカで行われた「特別なニーズ教育」に関する世界会議で、国際的な市民権を得た。そこに至るまでの歩みを簡単に振り返ってみたい。

ノーマライゼーション

よく知られているノーマライゼーションという言葉は、一九四三年にスウェーデンで初めて使われたと言われている。目ざすべき福祉国家のあり方をめぐる論議の中で、従来の入所施設中心の福祉政策を反省し、障害者雇用による自立の方向性を探ったのである。社会から弾き出すのではなく、社会の中に留まることができれば、市民の一員として基本権を持つ者の立場が保証され、それこそが民主主義の精神に合致するものであると考えたのだ。このような考え方によって、入所施設への障害者の措置は順次解消されるようになり、同時に従来教育困難とされていた知的障害児をはじめとするすべての障害児の教育を受ける権利が認められるようになっていった。教育不可能な子どもなどいないという考えが認められるようになったのである。教育可能、教育不可能という線引きが否定されるに至った。

ノーマライゼーションの考え方がアメリカやカナダに定着するようになったのは、一九六〇年代のことである。入所施設での非人間的な状況が明らかになるにつれて、「脱施設化運動」が重要な課題として登場した。これをきっかけに、障害児教育のあり方が、「分離教育」から「統合教育（インテグレーション）」へと移行していくことになる。

ノーマライゼーションの考え方は国際的に認知されるようになっていった。一九七五年、国連の「障害者権利宣言」には、ノーマライゼーション原理が盛り込まれ、すべての障害者の無差別平等と諸権利の保障が謳われている。さらに、一九八一年に「国際障害者年」が設置され、それは一九九三年の「障害者の機会均等化に関する基準規則」、そして二〇〇六年の「障害者権利条約へと繋がっていく。

国際的に認められるようになったノーマライゼーションの考え方には当然批判もある。

一点目は、障害者自身の持つ特別なケアニーズに対応するのに、ノーマライゼーションの主張するノーマルな環境や条件を用意するだけで十分と言えるのかという批判である。これまでの障害者政策は、障害者のもつ特別なニーズに専門的に応えるものとして発展してきたが、このような伝統を打ち砕くノーマライゼーションの革新性は評価されるものの、果たして障害者の環境をノーマルなものにすることで対応が可能であるのかという疑問が残る。一人ひとりの障害の特性に合わせた環境は必要ないのかという議論である。

二点目は、ノーマライゼーションによって、障害者であることの社会的偏見が解消されるのかという疑問もある。隔離しない政策によって障害者に貼られるスティグマ（刻印）が解消されるのかという疑問である。ノーマライゼーションの原理によって、隔離から統合への道が開かれましたが、そのことによって必ずしも障害者への差別や偏見が解消されたわけではないことを前提にした批判である。

このようないくつかの課題があるにもかかわらず、ノーマライゼーションの持っている平等性や民主主義の精神が、世界に大きな影響を与え、福祉や教育に大きな変化をもたらした。ただ、ここに述べたノーマライゼーションへの批判や疑問は、今日のインクルーシブ教育のあり方を考える上で重要な課題となっている。

ノーマライゼーションからインクルージョンへ

ノーマライゼーションの考え方の果たした役割は大きなものであったことは事実である。従来の障害者を施設に収容するという隔離政策から、社会に統合するという方向性に切り替えたことは、障害者の人権の尊重や一般の人々の理解の向上に貢献したからである。欧米諸国では入所施設の解消が現実化してきている状況を考えると、一定の役割を果たして次の段階に進んでいると考えられる。

ノーマライゼーションの流れの中で、障害児教育も大きく変容してきた。それはできる限りノーマルな教育環境を保障するインテグレーション（統合教育）という考え方の台頭である。古くからある分離教育制度への批判として、統合教育制度の重要性を主張する側から、インテグレーションの取組が発展してきた。分離教育とは、男女別学や人種別学、または宗教別学のように、ある基準で分離した形態で行う教育のことである。これらの分離教育として大きな課題であったものが、障害児の分離教育である。障害のゆえに、健常者と障害者が分けられて教育を受けることへの批判の中から、できる限り通常の学校で教育を受けるべきであるとしたのが、インテグレーションである。そこでは障害児が健常児の学級などで一緒に学習や活動行うことにより、お互いの理解を深めることを目指した交流教育や共同学習、そして障害児を普通学級に在籍させる取り組みが推奨されてきた。

その結果、可能な限り通常の学校や学級で一緒に活動することが望まれるようになってきた。少人数の特別支援学校や特別支援学級の子どもたちが、多くの健常の子どもたちとのふれ合いや関わり合いを通してお互いの理解が促進すると考えられたからである。

しかし、今日では、インクルーシブ教育がインテグレーションに取って替わろうとしている。インテグレーションという用語は、元々階級や人種、性、宗教などによる教育上の区別や差別をなくしていこうとする理念を示すものであった。それが、障害児をめぐる教育問題として論議されるようになったのである。背景には、福祉分野での「脱施設化」をめぐる収容施設政策への批判や、教育界における人種的排除に対する権利の主張等があったからである。

一例を挙げる。

〈ブラウン判決〉

一九七〇年代になって、アメリカでは障害児教育に関する画期的な法律が次々と生まれてきた。一九七三年「リハビリテーション法」は差別撤廃や脱施設化を提言したものである。一九七五年「全障害児教育法」は個別教育プログラムを保障するものであった。このような障害者の人権尊重と個別のニーズに応じたきめ細やかな教育の原点にあるものとして、「ブラウン判決」がある。

一九五四年、合衆国最高裁は「ブラウン対トピーカ教育委員会裁判」で、カンザス州の公立学校における人種隔離政策に違憲判決を下した。この裁判は、トピーカ市に住むリンダ・ブラウンという少女が、家の近くの学校に通いたいと転校を申し出たが、拒否されて裁判に訴えたものであった。アメリカでは南北戦争以後、人種隔離政策がとられ、教育設備が同じであれば黒人と白人の分離は違憲ではないとされている。それ以後、「分離すれども平等」の原則が教育政策として認められてきた。

リンダ・ブラウンの訴訟は、「公教育の分野では『分離すれども平等』の原則はなく、分離された教育施設は不平等である」との判決を得たのである。この判決は、人種隔離を差別として戦ってきた黒人たちに勝利をもたらした。しかし、この判決を不満とする多くの人々はこれを認めようとはせず、公立学校を閉鎖する教育委員会も現れたほどであった。しかし、このブラウン判決は、公立学校における人種隔離政策の撤廃運動を起こし、公民権運動の高まりに強い影響を与えた。何よりも、教育における機会均等を推進し、障害児の統合教育への展望を開くものとなった。障害児教育に係る裁判はその後、飛躍的に伸びたと言われている。

このブラウン判決が私たちに示していることは二点ある。一点目は、インクルーシブ教育を模索する際に念頭に置くべきことは、障害児者だけが対象になっているのではなく、現実の社会の中で排除されているすべての人々がその対象になるということである。学校教育は、社会の中で排除されている人々の包みこむことが、インクルーシブ教育の根幹にあることを示している。障害児を通常の学校に入れるということに限定されたものではない。

二点目は、ブラウン判決は少女の教育権の獲得という結果になったが、これを認めない人々が大勢いて、その後の差別や排除は現在もなお残っているということである。今日のアメリカ社会で、「ブラック・ライブズ・マター」に見られるように、黒人差別はキング牧師の公民権運動から多くの課題が残されている状況がある。これを見ればインクルーシブ教育が制度化法制化されても、なお、障害児の理解と通常の学校への在籍問題は残り続ける。インクルーシブ教育の戦い闘いは、始まったばかりであることを、この判決は示している。

さて、インテグレーションの政策として知られているのが、一九七五年のアメリカの「全障害児教育法（現在の障害児教育法）」である。

全障害児法

一九七五年「全障害児法」が出され、障害の重い子どもも含めてすべての子どもに対して特別な教育・指導等の「無償で適切な公教育」を保障し、「最小の制約環境（通常の学級）」でメインストリーミングを進めることが提言された。

この全障害児教育法は何と言ってもＩＥＰ（個別教育プログラム）の作成・活用を提言したことで有名である。ＩＥＰの目的は、その特有のニーズを満たすために構想された特別の教育やサービスが無償で受けられる公教育が保障されたことだ。アメリカ国内に、八〇〇万人の障害児がいるが、特別な教育的ニーズが満たされていないこと、また、この半数以上が適切な教育サービスを受けていないこと、さらに一〇〇万人が公教育から切り離され、教育を受けられない状態にあること等が事前の調査から明らかになっている。制度は進んでも、その恩恵にあずかる子どもたちは限られている。

障害のある子どもたちの教育的ニーズに合わせた教育の根幹にある個別教育プログラムのねらいは、次の四点である。

ア、情報の共有化のための「文書化」
イ、複数の目による「客観性」と「計画性」
ウ、保護者や関係スタッフの「参加」
エ、計画的な実践と指導のシステム化

障害児の教育は、担任個人で完結する教育ではない。複数の教員や専門職（今日では理学療法士、作業療法士、言語聴覚士、臨床心理士等の専門職が特別支援学校に導入されている）によって、一人ひとりの教育的ニーズをアセスメントして、個別の教育計画を作成し、それに基づいた授業も複数教員による「チームティーチング」の形態を取っている。つまり、障害児教育の手法は、「チーム・アプローチ」と呼ばれるシステムで対応している。そのために必要な教育計画には、「多面性」

「客観性」「数値化」が求められる。アメリカの科学的合理的な教育方法がここに示されている。

さらに、ＩＥＰの作成・評価については障害当事者や保護者の参加が原則とされたことである。ここに障害当事者や保護者の権利が守られることの保障は、従来の考え方からすると画期的なことであった。当事者や保護者抜きで教育計画を立てることは、周囲の人間が代弁者になることであり、それは人権侵害を起こす要因ともなるものであった。現在の日本では、個別の指導計画は保護者との共同作成を意図しているが、この点についてはまだまだ十分とは言えない状況にある。子どもがお世話になっているとの意識の中で教員に遠慮して、保護者としての意見が十分に汲まれていないこともあれば、障害児の人権尊重が侵害されやすい環境に置かれていることもある。その結果、社会自立に向けた教育の根幹である教育計画について、教員と共同で作成し、評価するシステムには至っていないことが指摘される。子どもや保護者の権利の保障という観点を、学校側も家庭側も十分に意識することが大切である。

特別なニーズ教育

「特別なニーズ教育」または、「特別な教育的ニーズ」という言葉は、今日の教育界ではすでに認知されたものとなっているのであろうか。サラマンカ宣言がインクルージョンの用語と共に多くの人々に知られるようになり、特別なニーズ教育もそれに併せて一般的になったとの理解がある。さらに、文部科学省の「二一世紀の特殊教育の在り方」には、「これからの特殊教育は、障害のある児童生徒などの視点に立って一人ひとりのニーズを把握し、必要な支援を行うという考えに基づいて対応を図る必要がある」との記述があり、特別なニーズ教育は一般的に認知されたとの解釈がある。だが、通常の教育の多くの教師の間では、「特別支援教育」も「特別なニーズ教育」も自分たちの教育に関わりの薄いものという受け止め方が一般的である。両者共、障害児教育の名称の変更と捉える人が多いのである。

国内では「特別なニーズ教育とインテグレーション学会（SNE学会）」が一九九五年に創設された。サラマンカ宣言の一年後である。日本では特別なニーズ教育に関する著作や論文が次々に著されている。だが、通常の教育の教師ばかりでなく、障害児教育の関係者さえ、高い関心を示してはいない。文部科学省の「二一世紀の特殊教育の在り方」の報告書も、ある養護学校の調査では、百人の教師の中で報告書を読んだ教師は、管理職を含めてわずか五人だけであったという報告もある。まして、通常の教育の教師のどれだけが、これからの特殊教育のあり方に関心を持ち、この報告書を読んだであろうか。

このことは、通常の教育を視野に入れながら教育の在り方を考える障害児教育の関係者も、障害児教育を自分たちの教育へ取り込むことを考える通常の教育の関係者も、日本にはほとんどいないことを示している。お互いに、壁の向こう側の出来事として捉えている。この現実を踏まえることなしに、これからの教育を考えることは意味がない。

長い間、ほとんど関わりがなかった通常の教育と障害児教育との間の越えがたい壁という交差しない教育の流れによって生み出されてきた結果である。

特別なニーズ教育が、教育界で認知されたと思うのは、一部の学者の考えにしか過ぎない。だが、特別なニーズ教育はこれからの教育あり方を考える上で、必要不可欠なものであることは確かである。

そもそも「特別な教育的ニーズ」とは何であろうか。一言で言えば、「通常の教育では充分に対応できない子どものニーズ」である。別の言い方をすれば、通常の一斉授業、一斉指導では教育的ニーズが満たされない子どもたちのニーズと言ったら良いであろうか。この中には、障害児も含まれる。だが、障害児だけではない。不登校やいじめの被害者あるいは加害者、虐待の被害者、非行、外国籍などの子どもたちが含まれる。単なる配慮で済むものではなく、具体的に個別対応が求められるニーズである。このような教育的ニーズにどう対応するのかを考えるのが、特別なニーズ教育である。

特別なニーズ教育は、障害児教育の考え方や手法と深く結びついているが、障害から特別な教育的ニーズに注目するという意味で、障害児教育の枠を大きく越えるものである。

特別なニーズ教育の始まりはこうであった。一九七八年、イギリスのウォーノック委員会の調査報告で、児童生徒の二〇%が特別な教育的ニーズを有しているとされ、可能な限りインテグレーションを推進することが必要と報告された。このレポートの結果、イギリスには特別な教育的ニーズという考え方が出てきた。その内容は次のとおりである。

ウォーノックリポート

教育法制定のためにマリー・ウォーノックを議長とする教育調査委員会が、一九七二年イギリス議会に提出したものがウォーノックリポートと呼ばれている。この報告書は従来の障害児教育の考え方を一変するものであった。障害児教育の対象になる「障害のある子ども」から「特別な教育的ニーズのある子ども」へと、障害児教育の概念の一大転換を図ったことによる。

この「特別な教育的ニーズ」の考え方は、一九九四年スペインのサラマンカで行なわれた「特別なニーズ教育に関する世界会議」で採択された「サラマンカ宣言」に取り入れられて、世界中に普及していった。

ウォーノックリポートに示されていることは、次の通りである。

ア、障害は医学の基準でアプローチするより、もっと多様で複雑であること
イ、子どもの課題は、子ども自身の問題と見るのではなく、子どもを取り巻く環境の整備に焦点化すること
ウ、保護者は子どもに対しての権利を持ち、子どもの成長のために保護者が貴重な役割を果たすこと
エ、早期教育の重要性

オ、障害児と普通児の間に決定的な境界線は引けず、連続線上のものとして見ること
カ、可能な限りインテグレーションを目指すこと

この様な考え方は、これからの教育のあるべき方向性について、多くのことを教えている。障害の観点ではなく、教育的ニーズの観点で教育を考えること、境界線で人を二分することができないこと、子ども自身の問題とするのではなく、環境を整えることが大切であることなどである。

特別な教育的ニーズは、通常の教育では対応しにくい子どものニーズであると述べたが、一九九六年のイギリス教育法では、一九八一年教育法（ウォーノック報告に基づいた教育法）において、医学的な診断に基づく障害概念ではなく、教育的援助について言及する教育的概念である。この概念は学習における困難さと特別な教育的手立てで説明されるもので、特別な教育的手立てを必要とするほどに学習における困難さがあるなら、その子どもは特別な教育的ニーズを持つ者とされる。

現在では、このような特別なニーズのある子どもたちの教育の領域を考慮しないで、通常の教育が進展していくことはなくなっている。

日本の学習障害（LD）の研究

一九九二年国立特殊教育総合研究所で行われた「教科学習に特異な困難を示す児童生徒の類型

化と指導法の研究」は、日本にLD（学習障害）の子どもたちがどれくらいいるか、また学校ではどのように対応されているかの研究であった。小学校の二年生から六年生までを対象に、国語と算数に二学年以上の遅れがある児童数が上げられた。二学年以上の遅れを取り上げたのは、一斉授業についていかれないという目安であり、義務段階でも留年制度を設けている国での留年基準であることによる。その報告書では、算数と国語で二学年以上の遅れのある児童は、小学五年生が最も多く九・四五％であった。小学五年生では約一割の子どもたちが授業についていかれていない実態が明らかにされたのである。この報告書では、小学六年生までが公表されているが、これが中学生、高校生になったらどんな数字が上がって来るのだろうか。障害のある子どもたちは障害児学級や養護学校で学んでいるが、通常の学級に一割の子どもたちが、学習についていかれない状況に置かれ、特別な手立てもなく、言わば放置されている。この調査は、学習上困難を持っている調査であったが、行動上、心理的な困難さを持つ児童生徒を加えれば、どれくらいの数になるのだろうか。

私は通常の学級の教師を対象にした研修会で、「配慮を必要とする児童生徒の指導」というテーマで話すことが多いが、研修会の始まりに言うことを決めている。

「皆さんのクラスの中で、いつも気になる子どもを頭に描いて私の話しを聞いて欲しい。風呂に入っていても、酒を飲んでいてもあいつどうしているかな、明日はどうしようかなと頭から離れない子どもを念頭において欲しい」。

教師は子どものことを思いめぐらして私の話しを聞く。ウォーノック報告や国立特殊教育総合研究所の調査を引き合いに出して、最後に、何人思い浮かべたかを聞いてみる。最低で二名、最高で一〇名という結果がある。クラスに一人だけという状況ではなくなっているのだ。

今から五〇年前のウォーノック報告にあるように、二〇％の子ども、五人に一人の子どもが特別な教育的ニーズを持ち、特別な手立ての指導が求められている。これらの子どもたちを無視した学校経営や教育は考えられない。教育システムの構築、教師の意識改革が求められているのは、こういう状況が教師の目の前に厳然として存在しているからである。しかも従来の教育システムでは、対応できていないことも周知の事実であるからである。

このような教育状況を見据えて、文部科学省は特別支援教育構想を打ち出したのである。特別な教育的ニーズのある子どもは、どちらかと言えば今まで放置されていた傾向にあり、適切な支援を求める権利を持っていることは明確であろう。そう考えれば、教育的ニーズはそれに対する具体的な手立てを要求するものであり、それは教育サイドからすれば、適切な支援ということになる。特別なニーズ教育の日本語版が、特別支援教育なのである。

既に述べたウォーノックレポートの考え方は、特に、障害の観点ではなく、教育的ニーズの観点で子どもを見ること、障害と健常の間の境界線で人を二分できないこと、子ども自身の問題ではなく環境の問題と考えること等である。一九九六年の教育法では、医学的な診断に基づく障害概念ではなく、教育的援助が必要とする子どもとして捉えることが示されている。

この「特別な教育的ニーズ」の概念は、世界の障害児教育を変えていった。分かりやすく言えば、従来の診断に基づく障害児から、その子なりのニーズのある子どもへと見方を変えたのである。子どもを障害児の枠の中で見ることから、何らかの課題はあっても一人の子どもと見ることが求められるようになったということである。それは医師が病人として見る見方から、病気のある一人の人間として見ることへの転換にたとえられる。病人の思い煩いには生活の悩みも人間関係の悩みもある。そのため、病気を診るだけでは解決にならないことが多くある。同様に、最初から、何もできない、問題の多い障害児と見る予断を持って見る見方を一掃することが望まれている。

実際の教育現場で知らされることの一つに、教員の中には、特別支援学校に在籍しているという前提で見ることによって、あまりに持てる能力を低く評価する傾向があることを知らされる。特別支援学校へ行って生徒たちからは、あまりの子ども扱い、障害者扱いへの反発の声を聞くことも多い。一人で歩けるのに体を支えるような態度や、方向が分かっているのに手を繋いで指示する指導等、「できない子ども」のイメージを持って指導する教員がいるからである。それが結果的に指示待ちの子どもを生み出し、自立心を奪っていることに気づかない場合も出てくる。障害児者を同じ一人の人間として見ていくこと、人権を尊重すべき人間であることの理解は、教育でも福祉でも重要なことなのだ。

障害を「個性」として捉える見方も、このような背景から生じる。障害を病気やあってはならないものと考える従来の考えでは、障害を個性と見ることはなかった。障害者として見るのではなく、人間として見ることによって、その属性は個性になるからである。「障害児」の用語についても、「差し障りがあり、害をなす子ども」というマイナスイメージがあるが、「児（子ども）」

全体を覆っている「障害」は、あまりに障害を前面に出した用語となっている。「Child with disability」のように、「子ども、たまたま障害のある」という用語の使用も考慮すべきと思われる。「障害児」の用語も変えるべき転機になっている。インクルージョンの世界では、障害者という言葉自体が存在しない。障害者は健常者があって使用される用語である。

そして障害と健常には二分できず、連続線上のものと見ることとの意味は、従来の障害者観を一変させるものであった。固定した否定的な障害者像ではなく、様々な可能性を持った一人の人間として捉えることこそが、障害児者を市民として見ることに繋がる。さらに、子どもの環境の整備は、子ども自身の問題、つまり何かあれば子どもの責任という自己責任の押しつけからの解放がある。子どもの自己責任など問わないで、そこに至らしめた環境をこそ問題視するという対応である。

再度述べるが、障害と健常ははっきりと二分できる者ではなく、連続線上の者と考えること、この点が従来の障害観を劇的に変えたものである。これが、現在の障害児教育の到達点であり、すべての子ども理解の原点と解すべきことである。

障害観の転換

既に述べたように特別支援教育構想には障害観の転換がある。一九八〇年WHO（世界保健機関）が、「国際障害分類（ICIDH）」を作成した。やがて、二〇〇一年に改訂され、「国際生活機能分類（ＩＣＦ）」となった。二〇年後に改訂されたものは、前回のものとは根本的に異なる考え方に基づくものであった。

二〇年後の改訂は障害当事者の問題ではなく、社会全体の問題であるとの認識に変わった。障害モデルの転換と呼ばれるだが、最初の考え方を医学モデルと言い、後者を社会モデルと言う。

なお、このような障害観の転換は、障害学の立場から障害を個人の医学的問題として捉える「障害モデル」から障害者に不利益を与える社会の問題に焦点を当てる「社会モデル」が提言されたものであり、その内容は、すでに述べたとおり、社会学の考え方に立った「障害者の解放」を前面に打ち出すものとして、多くの人々の賛同を得てきた。

だがこの社会モデルが提唱されて四〇年が経った今日、社会モデルに多くの課題があることが指摘されている。その一つは、障害者の生活に寄り添うべき医療の周辺化・軽視である。医療では治せない身体の部位の機能低下や損傷などの問題が、社会の変革の問題に重点が置かれたことによってなおざりにされていること。また、障害は社会の問題であるとすることによって、誰が障害者なのか、つまり発達障害などのいわゆるグレーンゾーンの人々を特定することの困難さも問われるようになってきた。

これらの問題は今後の研究を待つことになるが、障害者の解放の問題は、人種差別の問題と同様に、人間の歴史という大きな枠の中で見ていくことが求められる。同時に、「平和教育」の困難な歴史は、「インクルーシブ教育」の進展とも重なり合って見えるが、そこで国はそして個人は何をなすべきかが問われている。

障害者権利条約

二〇〇六年国連で採択された「障害者権利条約」は、正式名称「障害者の差別撤廃と社会参加を目的とする人権条約」である。この条約は障害者福祉や障害児教育の方向性を、インクルージョンの用語で表し、世界的なコンセンサスとして示したものである。日本は、二〇〇七年に一部個人通報制の規定を除いて署名し、二〇一三年に批准した。

この障害者権利条約の成立過程では、障害当事者団体の強い主張が背景にあったことで知られている。その合い言葉は、「我々を抜きにして我々のことを決めるな！」である。この条約の目的が「すべての障害者に対して、すべての人権と基本的自由完全かつ平等の享受を促進・保護・確保し、障害者固有の尊厳に対する尊重を促進すること」（第一条）であることを鑑みれば、従来の障害当事者抜きでの政策決定など、本質的にあり得ないことになる。

この障害者権利条約は、障害者の自由権や社会権に至る広範囲な諸権利の擁護を規定しているが、単なる理念として記されているものではなく、公平や平等とインクルージョンの実現を求めるものである。ただ、既に述べてきたとおり、日本ではこの条約を本気で実行していこうとしているのかが問われている。

さて、障害者権利条約の中で、インクルーシブ教育についてはどのように取り上げられているのだろうか。第二四条の「教育を受ける権利」の中で、「あらゆるレベルの教育システムでのインクルージョン」、また、「フルインクルージョンというゴール」の実現を締結国の義務と規定している。

ここで登場する「フルインクルージョン」とは、インクルーシブ教育の究極のゴールであり、すべての障害児を通常の学級で教育することであることを意味している。フルインクルージョンを目指す国には、法律上は特別支援学校や特別支援学級はない。しかし、現実にはそのような国にも障害児の学級や学校は存在する。それ一つを見ても理念や哲学がまたそれぞれの国が置かれている状況によってもこの教育の行く末は確固としてたものとなっていない。

インクルージョンとは何か

インクルージョンの概念は定まったものではない。国際的にも確固とした共通理解ができているわけでもない。それは各国の福祉や教育についての政策や考え方、またその歴史が異なっているからであり、国によっても学者によっても考え方はそれぞれである。しかし、一般に言われていることを整理すると、このようにまとめられる。

①インクルージョンの概念

インクルージョンとは、様々なニーズのある人々を包みこみ、支え合う社会のあり方を示すものである。教育におけるインクルーシブ教育は、社会的インクルージョンの一面である。民族、言語、宗教、性別、貧富、障害等の理由で、排除（exclusion）するのではなく、子どもの個別的ニーズに合わせた愛情豊かな教育を目ざし、一人ひとりの違いを祝福し歓迎する価値観に基づくものである。

ソーシャルインクルージョン（社会的包みこみ）の視点からは、「排除」「差別」「偏見」と見られる従来の「排除事象」への反省をもとに、共に支え合う共生社会づくりを実践する理念である。

②インテグレーションとインクルージョンの違い

ここまで世界の福祉や教育の基本的な考え方や政策について見てきたが、インテグレーションとインクルージョンとはどこが違うのかを説明する。ノーマライゼーションの大きなうねりが世界中に広がっていったが、それによって従来の施設収容型の福祉のあり方が、脱施設化の動向を生み出した。その流れに沿うように教育界でも、隔離教育を疑問視する動きが出てきた。やがてそれはインテグレーション（統合教育）と呼ばれ、障害児と健常児ができる限り同じの時間、空間を共有し、学習や活動を一緒に行うことが推奨されるようになってきた。

ただ日本の文部科学省は、初めはインテグレーションには消極的な姿勢を見せていた。特別支援学級の中に障害児を入れて通常の学級から隔離した教育を行う特殊教育が、国の教育の基本だったからである。そこでは社会自立に向けたきめ細やかな教育が保障されると考えられていた。しかし、少人数の集団で人との関わりが限定される学校生活では、子どもの社会性や積極性、人

表6-1「インテグレーションとインクルージョンの違い」

	インテグレーション	インクルージョン
対象	障害のある子ども	学校から排除される可能性のある子どもたち（不登校や外国籍等）
目的	可能な限り分離教育を廃止して通常の教育システムで教育する	学校教育における多様性の尊重や個別のニーズへの適切な対応
政策	通常の学校の教育についていくための指導や配慮	特別な教育的ニーズのある子どもたちの個々のニーズに応じた教育の保障
理念	健常者と障害者を分類	障害と健常は分けられない考え方（すべての人は障害者の理解）

間関係をつくる力等が育まれないと感じることがあり、また、障害児を囲ってしまうことで健常児の理解が得られないと考える教師たちが、校内交流を積極的に行うようになった。交流教育は、インテグレーションの一形態であるが、特別支援学級の交流教育は、現場の教師たちの取組として開始されたものである。文部科学省も交流教育について触れてはいたが、現場の教育委員会も管理職も、交流教育の意義は理解できるものの、無理に実行すれば通常の学級の教師や子どもたちに負担がかかるとの考えで、あまり乗り気ではなかった。

さて、インテグレーションは、できる限り障害児と健常児を同じ場所で活動することで、障害児にとっても健常児にとってもメリットがあるとされている。インクルージョンも、同様に隔離教育ではなく同一空間で一緒の教育を目ざしている。それではこの二者のどこが違うのだろうか。インテグレーションは障害のある子どもを対象に、通常の教育のシステムの中で教育をすることだが、インクルージョンは学校から排除される可能性のある子どもを焦点化して、一人ひとりの個別のニーズに対応する教育を行うものである。インテグレーションは、実際には障害児を通常の学級に在籍させ、授業に特別な手立てを設けない、いわゆる「投げ込み（ダンピング）」の状態になる恐れもあった。一緒の教育を求めるあまり、一人ひとりのニーズに合わせる指導までには至らなかったことが指摘される。インテグレーションでは、通常の学校のシステムの改革までは求めなかったために、結果的に障害児を通常の学校に合わせる「同化」が強いられることになったのである。個別のニーズや障害者のアイデンティティを軽視・無視する傾向を生んだと言われている。

インテグレーションは子どもが学校ら合わせることを求めたのに対して、インクルージョンは学校が子どもに合わせることを目ざすものであると言える。それは通常の学校の教育システムの変革を求めることに繋がってくる。「分離か統合か」の二者択一ではなく、特定の個人・集団を排除せず、学習活動への参加を平等にすることなのだ。

インテグレーションとインクルージョンの違いを一覧で説明すると表6-1となる。

3　インクルージョンを阻むもの

特別支援学校・学級の児童生徒の急増問題を焦点を絞って論述する。二〇一二年文部科学省は共生社会の形成のためにインクルーシブ教育の推進を掲げた。従来の教育が共生社会を作り上げるものではなかったとの反省の下に、新たな方向へと舵を切った。共生社会はもとより障害者に限ったものではない。ＬＧＢＴをはじめ、様々な人間の多様性を社会全体で認め合い包みこむと社会である。教育の現場では障害者が通常の学級から隔離されていることを鑑み、障害者の理解の推進のために、インクルーシブ教育に重点を当てて取組を実施している。

だが、国を挙げての取組にもかかわらず、インクルーシブ教育の成果は成果を上げていない。障害があっても通常の学校・学級に在籍することを目指した教育が、正反対の方向で特別支援学校・学級に在籍する児童生徒数が急増するという結果になっている。なぜこのような結果になっているのか。そもそもなぜインクルーシブ教育は徹底されないのか、その原因を深掘りする。

二〇〇一年一月、「二一世紀の特殊教育の在り方について」、さらに二〇〇三年三月「今後の特別支援教育の在り方について」の最終報告書が出された。その中で示された今後の特殊教育の在り方で最も特徴的にことは次の二点である。

一点目は就学指導の弾力的運用ということ。障害のある児童生徒の就学については、従来より学校教育法施行令第二二条の三に規定された障害基準に従って、盲・聾・養護学校に就学することになっていたが、その就学基準は、一九六二年に制定されたものであり、その後の医学や科学技術の進歩もあり、必ずしも実態にそぐわない面が出てきている。このため、盲・聾・養護学校に就学すべき障害の程度であっても、合理的な理由がある場合には、小・中学校に就学できることにした。そこには、様々に要件が加えられているが、障害児学校以外の道が開かれたということである。教育行政の一方的な判断による従来の就学指導からの脱却を意図し、通常の学校や通常の学級に就学することを可能にしたのである。これはインクルーシブ教育への第一歩である。もう一点は、発達障害（ＬＤ、ＡＤ／ＨＤ、高機能自閉症）への対応を、特別支援教育の柱としたことである。従来の障害から、特別な教育的ニーズのある子どもたちを含めた教育への転換は、画期的なことであった。従来から学校現場や保護者の立場から、発達障害への対応が強く望まれていたからである。特殊教育は、障害児のための教育だったが、通常の学級に在籍する発達障害児を対象にした教育が開始されたのである。障害児教育は盲ろう養護学校や特別支援学級の固有の教育ではなく、通常の学級の課題にもなったのである。

養護学校や特別支援学級の教育というように、教育の場に限定していた特殊教育が通常の学校・学級に対象を拡大したことは、日本の教育とってインクルーシブ教育への道を歩み出すものとなったことを示している。

ところが、実際に特別支援教育が開始されると、大きな問題が生じてきた。それは特別支援学校や特別支援学級に在籍する児童生徒数が飛躍的に伸びて、入学や入級を希望する子どもたちが入れない状況を生み出したことである。全国的に特別支援学校や特別支援学級、さらに通級指導教室に通う児童生徒数は増加の一途をたどり、都道府県では特別支援学校の新設を次々に取り組まざるを得ない状況となっている。

このような特別支援学校の児童生徒数の急増を、現場では「過大規模化」と呼び、その対応のために、新設校を次々設置したり、高校の空き教室を分教室として使用するなどの対応を取って、入学希望者の受け入れの整備を図っている県が続出している。

なぜこのような事態になったのであろうか。文部科学省の説明によると、特別支援学校や特別支援学級に対する理解が向上し、従来のように障害児の学校や学級に行きたがらない子どもたちや保護者が減ったからだと説明している。確かに、かつては障害児の学校や学級に入るのには抵抗感があって、無理してでも通常の学級や学校に通わせたいとする保護者は少なくなかった。現在では、特別支援教育の専門性の高い教育を受けることで、社会自立を目ざすことができ、就職も可能になるのではないかと考える保護者が増えてきたという。確かにそのような一面はある。

だが、私はそれだけではないと考えている。むしろ、発達障害の子どもたちが増えてきたこととその対応が不十分であるという背景にあるのではないかと思っている。発達障害の子どもたちに焦点が当てられるようになり、マスコミでも本屋でも、発達障害に関することが日常的に取り上げられるようになった。一時期は、「発達障害ブーム」と呼ばれるほど、発達障害が注目を集めていたこともある。

かつては発達障害の診断は大学病院等に限られていたが、診断マニュアルができたことによって、容易に診断が求められる時代になってきている。また、通常の学級で少し不適応な行動がある子どもに対して、学校側が発達障害を疑い、相談や診断を進めることもある。その結果、一旦発達障害と診断されると、通常の学級から特別支援学級へ、そして特別支援学校への流れができてきている。

一人ひとりの個別のニーズに応じた特別支援教育が生み出した流れである。診断した医師や臨床心理士は、個別の対応が必要であることを伝える。その結果、特別支援学校・学級の児童生徒数が急増したのではないか。特別支援教育によって「一人ひとりの教育的ニーズに合わせた教育」が求められるようになり、発達障害や心理面で課題のある子どもたちが、特別支援教育の中に入ってきたことが最大の要因なのだ。落ち着きがなかったり、コミュニケーションに課題があったり、読み書きの障害がある、いわゆる発達障害の子どもたちは知的にはノーマルである。不登校や引きこもり、また学校生活に上手に適応できなくて非行等の課題のある子どもたちも、個別の指導が可能であるという理由から、特別支援学級や特別支援学校に入学してくる。知的障害特別支援学校に知的障害のない子どもたちが在籍して教育を受けるというおかしなことが起こっているのだ。

私は就学指導委員会の委員として、特別支援学校に入学する子どもたちについて協議する場に出席したが、ＩＱ一〇〇を越える生徒や不登校でひきこもりの生徒が特別支援学校に入学するケースも多く見てきた。県教育委員会の統計調査によれば、ある年度の知的障害特別支援学校高等部の入学者の中で、障害手帳を取得できない生徒が二〇％に達していたという報告がある。五人に一人に知的障害が認められなかったというのだ。

特別支援教育の目的は、一人ひとりの教育的ニーズに応じたきめ細かな教育をすべての学校で取り組むことである。しかし、その方向性は正しかったが、その結果、通常の学級から発達障害をはじめとする、いわゆる「手のかかる子どもたち」を特別支援教育に押し出してしまったこと、この点こそが問題なのだ。彼らを受け止める制度やシステムを導入しなかったために、特別支援教育の側が、引き受けざるを得なくなったという状況を招いたのである。端的に言えば国の特別支援教育は失敗の教育である。障害児を特別支援教育の枠の中に留めことが決定的な誤りであった。特別支援教育は通常の教育の改革を念頭に置くべきであった。失敗の根本原因はインクルージョンの理念とその具体的対応が欠けていたからでに他ならない。私はかつて『排除する学校』を著わし、教育現場や教育行政の側から実態と対応について提言した（明石書店、二〇一〇年）。

この子どもたちを通常の学級で支えるシステムや、そもそも通常の学級から出さない工夫を、文部科学省も学校の教師たちも考えるべきではなかったか。

このような現在の教育システムから弾き出された子どもたちが、特別支援学校や特別支援学級に大勢在籍している。これは明確に、インクルージョンの反対概念であるイクスクルージョン（排除）である。だからこそ、このような状況を踏まえて次の「インクルーシブ教育」が登場してくる。特別支援教育の負の遺産である特別支援学校や特別支援学級の「過大規模化」の問題に、学校を新設・増設するような一時的な対応ではなく、教育界全体でインクルーシブ教育への移行を問い直す時期にきている。

7章　戦争と障害

差別を語るときに、戦争の問題は重要なテーマとなる。なぜなら戦争は敵・味方を二つに分け、敵の枠に入ったものは全滅させるまで戦う対象になるからだ。戦争は兵士と一般市民を区別することはない。兵士だけを対象にすることはない。戦争は敵に属する者と判断され、レッテルを貼られたものを根こそぎ倒していく。そこでは、寛容や赦し、中立や無関心などは一切無縁な世界に容赦なく自国もそして自身も巻き込まれていく。

戦争とはそのような意味で差別の究極にあるもの、排除の最終形となる。インクルージョンの対極にあるものこそが戦争である。そして、そのことを学んだはずの人間が、同じことを何度もくり返す。詰まるところ、人間は戦争から何も学ばない。だから繰り返し戦争を起こすのだ。戦争は悪である。しかし、戦争という悪は止められない。なぜ、戦争は生まれるのか。それは人はなぜ差別をするのかの回答と繋がっている。人は差別をする。そして戦争をする。悪であると分かっていることを人はどうして行なうのか。その根底には何があるのか。

ウクライナでの戦争の映像に出てくる幼い子どもが荷物を引きずり、泣きながらとぼとぼと歩く姿に強く胸が締め付けられる。年配の女性が絶望感をいっぱいにして戦争の悲惨さを訴える。戦争の被害者の尋常でない苦しみや悲しみに接する度に、見ているだけで何もできない現実に対して、私たちは無力感に襲われる。だがそれは侵攻する兵士たちには見えていない。戦争は加害者と被害者が向き合うことがないからだ。

ベトナム戦争や湾岸戦争では、戦闘に加わった兵士たちが強いトラウマを受けて、社会復帰が困難になった人たちが多くいたという。被害者に向き合ったときに、自分の犯したことを悔いたからである。私の叔父は自分が加わった戦争のことは決して語らなかった。中国内部を転戦した兵士であるが、どれだけ心に傷を負ったのであろうか。

アメリカ兵は、戦争の前線に出す前に、特別な訓練を受ける。シャドーシューティングである。物陰に隠れている敵を見つけて、素早く銃で撃つ訓練である。実際の戦場では、敵であろうと生きている生身の人間を撃つことに人間は強い抵抗感を持つ。相手を殺すためには、標的は人間ではないことをインプットする必要がある。そこで生まれた訓練なのだ。人間は本来は生きている人を殺すことに抵抗がある。人間にも種族保存の本能があるからだ。人間と思わなければ抵抗感は薄くなる。このような訓練を受けた兵士たちが敵を虐殺する。

一方で、脳性マヒの子が転びそうに歩く姿を見て面白おかしく笑う周囲の子どもたち。彼らに見えないところで自身の障害に泣いている子ども。加害者は被害者を見ない。その残酷さを客観視しない。人は悪魔になる。少なくとも、戦争中にあって、そして障害者を見下す時に。

差別とは何かを探る過程で、戦争が生まれる根っこにある共通性を探る。それは差別も戦争も人間の持つ何ものかによって生み出されたものであり、共通の答えが求められているのではないか。あるいはそれを探ってみたい。

ロシアによるウクライナ侵攻でウクライナで一万人の犠牲者、さらにイスラエルによるガザ地区への侵攻によってガザ地区では四万人もの犠牲者を出している侵攻ではなく戦争である。誰が見ても絶対に戦争は許されないものである。だが、これを人間はいとも簡単に踏み越えてしまう。これは紛れもない戦争である。しかも、核兵器使用の可能性もある人類滅亡の危機にある戦争である。この戦争の結末は分からないが、戦争について探っておくべき何点か指摘したい。本書は障害差別に関するものであるが、障害と戦争は極めて深い関係にある。

1　戦争と障害

戦争は究極の存在の否定である。なぜなら、戦争は敵の存在が抹殺されるまで続くものであり、人命に止まらず、人が生きるに必要なもの、家屋、食料、エネルギー源等のあらゆる必要物資を奪い取るものである。映像で映し出されるウクライナの戦争を見るに付け、まさしく戦争は「存在の否定」そのものである。「存在の否定」。それは敵と見なした者を完膚なきまでにこの世から抹殺するものである。相手を亡き者にする戦争は、相手の存在を消滅するための行なわれる。

戦争には正しい戦争もなければ謬った戦争もない。戦争を認めてはならないのは、その目的がなんであれ、敵と認めた者の抹殺、すなわち人を亡き者者にする殺人だからである。「人をなぜ殺してはいけないのか」と問われた時代がある。若者の発した問いは、大人や哲学者が回答に窮することもあり、世論では一時話題となった。町で人を殺せば「殺人罪」として裁かれる。だが、戦場では多くを殺せば「英雄」と称えられる。この違いは何だろうか。

存在の否定は究極的には戦争の形で現われる。敵と見なされた者はその生存が抹殺される。ナチス・ドイツで起こった障害者二〇万人の虐殺、それに続く六百万人のユダヤ人のホロコーストは、生存が許されなかった人々である。

特に障害者は生きていても生産性のない者という優生思想を根拠にその生涯が奪われた。しかし、存在の否定はナチス・ドイツの時代の産物に留まるものであるのか。ロシアがウクライナを支配下に治めることができなければ、一国の国民を皆殺しにしても構わないという構図は、障害者が健常者の生活を脅かさない条件でその生存が認められているという現代社会とどこが違うのだろうか。

私は生涯を障害者と共に生きてきたが、障害者への差別や排除、いじめはなくならない。このことは障害者を敵と見る健常者の側の存在の否定と見ることはできないのか。

先日も知り合いの親が自閉症の我が子を車に乗せて役所に行き、障害者マークの駐車場に駐めたところ管理人に「どうしてこの子が障害者なのか」と詰問されたという。障害者手帳を見せて納得してもらったというが、障害者は車椅子の肢体不自由児や白杖の視覚障害者等外見で判断される者しか該当しないと思っている人が多い。市役所でさえそうなのだから、一般の人にはもっと無理解の人が多いのだろう。視覚障害者の踏切事故撲滅の指示を国が出しても、全国の取組状況は半年で二件のみという。いつでも障害者のことは後回しになる。これらは「存在の否定」の範疇に入らないのであろうか。

戦争でなくとも、日常的に片隅に追いやられている障害者の生存。このことに目を向けないで戦争反対を叫ぶことの矛盾を感じる。少なくとも、あの悲惨な戦争の惨禍のただ中を生きる人たちは、今私たちの目の前にいる障害者の窮状にも深く心を留めて欲しいと願う。

だからこそ、障害者の教育や福祉に関わる人々は他の誰よりも、声を大にして、戦争反対、戦争即時停止を叫ばなければならないと思う。

二点目は、戦争は多くの死傷者を生み出す。傷を負った人たちは、そのまま障害者として生きることになる。健常であった人が、ある日突然戦争によって障害者になる。このような不条理は許されることではない。LD（学習障害）は第二次世界大戦で頭部を負傷した兵士の認知能力の研究からアメリカで始まったと言われる。戦争がなければ必要のない研究であった。戦争とはどれ程無駄なことであるのかを知らされる例である。

『インクルージョン教育への道』の著者P・ミットラーは、著書の中で、すべての子どもたちが学校に通うためには、八〇億ドルが必要となるが、これは世界中で四日間の軍事費用であると述べている。インクルーシブ教育は、「万人のための教育」を掲げているが、これには次のような背景がある。

・一度も学校に通ったことのない子ども……一億二〇〇〇万人
・読み書きができる前に退学する子ども……一億五〇〇〇万人
・発展途上国で読み書きできない大人……八億七二〇〇万人

上記の数字は二〇〇〇年時のものであるが、現在のウクライナ戦争を想定すれば、その数字は際限なく増えているだろう。四日間の戦時比ではなく数分間分の戦時費で事足りるのだ。

戦争は、今必要とされている財源を兵器に変える。将来のための財源を全く無駄に捨てている。それが戦争なのだ。戦争は、子どもたちから教育を奪い、未来を奪っている。それは人類の未来そのものを奪い取っている。だからこそ、すべての人は戦争反対を心の限り声の続く限り叫ばなければならない。

三点目は、戦争を起こす人たちはどんな人たちなのか。ウクライナ戦争が始まってすぐに、核兵器の使用をも主張しはじめたロシアのプーチン大統領の精神状態を危惧する声が上がった。世界の滅亡まで視野に入れた戦争を考えるなど、正常な人のすることではない。きっと精神に異常をきたした人に違いない、と。しかし、その言葉は精神に何らかの問題のある人を激しく傷つけるものである。一説によれば、パーキンソン病との説や、ガン説もある。しかし、それこそが差別であることを知らなければならない。普通でないから異常者である。だから信じられない行動を起こすと考えるのは間違いなのだ。そもそも異常と正常はどう違うのか。その一線を引いて自分の価値観の外にいる人たちを排除することこそ、現代に問われていることなのではないか。本書ではそれを追求してきた。

かつて私は神奈川県の教育委員会に勤めていたことがある。丁度その頃、神戸で起こった「神戸連続児童殺傷事件」で「酒鬼薔薇聖斗」を名乗る犯人が、一四歳の中学生であることが判明した。ある日、教育長が私の所に来てこう言った。「あんなことをするのは発達障害ではないのか」と。障害の専門家である私に問うたことは、そうでも考えなければ理解できないと思ったからに違いない。私はその場でそのような決めつけ方は間違いであると強い口調で質したことがある。教育長が公の場で軽々に言うべき言葉ではない。

人は理解できないことをする人を様々な呼び方で自分たちと同じ人間ではないと排除する。この場合も「発達障害」であれば、納得できるということなのか。発達障害、精神障害、知的障害などは、このようにして普通の人たちの枠から外に追いやられていく。用語は何であれ、社会から外に追いやられる人たちがいる。路上生活者、不審者、社会不適応者、異常者、外国人などがそれに当たる。

自分が理解できないことを、普通の人とは違うとして排除的な用語で決めつけることこそ、間違いなのだ。特に戦争や災害、犯罪などで使用されることを問題にするべきである。

四点目は、戦争の最中の障害者の置かれた状況を危惧している。戦争という非常事態の中で、障害者がどのような暮らしをしているのか、周囲の支援が行き届いているのか。特に戦争の渦中にある状況で、普通の人々も大変な状態にあのことを考えれば、障害者が日常的な支援を受けられるのかと思わずにはいられない。

戦時中の障害者の集団疎開の実態が明らかになっている。東京の光明学校は肢体不自由児の学校であるが、一九四五年長野県上山田温泉に疎開した。戦時中の「足手まといを残すな」のかけ声によって疎開した。目的地までの列車は健常者車や兵隊が優先であったために、何度も出発を遅らせざるをえなかった。また、知的障害者の施設であった藤倉学園は、施設を軍の要塞にする目的で、山梨県に強制的に疎開させられた。標高一三〇〇mの寒冷地であり、食料も不足していて、一〇名が死亡し、戻ることのできたのは、わずか一二名であったという。

いずれも戦時中に役の立たない者とのレッテルのもと、強制的に疎開を余儀なくされたのだ。ここには弱者優先、否人皆平等の思想はない。

そのほか、第二次世界大戦中に障害者が防空壕に入れてもらえなかったことがあったと記録にある。大声や奇声を発するからと排除された事例も多々ある。国の役に立たない者をどうして守る必要があるのか。それが当時の国策だった時代である。戦争は障害者をさらに社会の片隅へと追いやることになるす。戦争は障害者差別を明瞭に映し出す。

戦争ではないが、日本では近年地域の災害時の避難訓練を実施するうえで、地域に暮らす障害者支援のあり方を考えるようになってきている。私もいくつかの地域の自治体に呼ばれて、障害者の対応について講演するようになったが、例えば視覚障害、聴覚障害、自閉症や脳性マヒの人などの支援について話すこともある。ただ、自治体担当者が最も危惧していることは障害者の存在が地域に知られていないことである。日本ではどうしても障害者を隠してしまう家庭が多いからだ。そうせざるを得ないのが日本なのだ。自治会の役員が方家庭訪問してその家に障害者がいることを初めて知ることも多くあると聞く。避難訓練の住民リストに載らない障害者。それが日本の障害者の置かれた状況である。果たしてウクライナの障害者はもっとオープンに一般の人たちの中で暮らしているのだろうか。

2　戦争と宗教

私たち人間は理性や科学で何でも説明し、理解できると考えがちになる。そのことは古い価値観から人間を解放し、人間の尊厳や独立性を重視する考え方を作り上げて社会の発展に寄与してきた。ただ、戦争を含めて今の社会のあり方を見るときに、人間の自由や尊厳に対する過大な評価を思わざるを得ない。何でも人間の力で作り上げ、理解し、解決できるとする考え方に、人間を越えたものを畏れることを失い、人間の犯す罪を裁く者を忘れ、いつのまにか自分が絶対者となって神のような存在になっていないだろうかと思う。人間が神になるとき、そこには恐るべき傲慢さがある。他者を殺しても構わないという戦争の背景にこそ、人間の傲慢さを感じるのだ。戦争を起こすのは人の傲慢であり、その対極にあるのが社会的有用論から存在を否定され続ける障害者である。戦争と障害は、人の奢り高ぶりと障害者の非戦の心が最も対比するものではないのか。

人知を超えたものを畏れ敬うこと、それは古代の人たちの考え方と言われる。しかし、こんな科学的で理性的な時代になっても、戦争の持つ意味の分からない人たちがいることは、人間の愚かさ、罪深さの背景にある「人間を超えたものを畏れる心」の喪失を思わずにはいられない。それは宗教の死滅ということである。

随分前から、宗教心の喪失が言われるようになってきた。欧米では日曜日に教会に行って礼拝する人たちが激減している。かつては何派の宗教かと問われたが、今では「無宗教」と答える人の割合は増大している。人々は宗教に頼らなくなってきている。

そのような無宗教の時代の現れの一つであるが、今世界中が注目しているウクライナでの戦争に対して、なぜ宗教界は動かないのか。ローマ教皇は戦争の中止を祈るが、当事者に直接会って仲介することは一切ない。ローマカトリックとロシア正教では宗派が違い、それぞれの歴史や教義の違いも、また西と東に分かれた際の不協和がどれ程あるのかは知らないが、同じイエス・キリストの神を仰ぐ信仰を持っていることを考えれば、そしてこの世の価値観ではなく、神の普遍的価値観を共有する者同士であれば、仲介に乗り出すのが自然ではないのか。

ロシア正教のキリル総主教はプーチンの同盟者と言われている。しかし、政治上の結びつきより、国民の信仰の指導者として、神の普遍的価値観を示すべきではないのか。それはローマ教皇についても同様である。何を躊躇しているのか。

残念ながら、ローマ教皇はナチスに沈黙した歴史がある。今では追及されることは少ないが、ローマとナチス・ドイツは裏取引があり、二〇万人の障害者抹殺、六百万人のドイツ人のホロコーストに対して完全な無言を貫いた。このような出来事が、人々を信仰から離れさせ、現在の無宗教の時代を作り上げた。逆に言えば、今この時こそ、教皇は動くべきなのだ。西側の価値観よりも、「汝人を殺すことなかれ」の神の律法が、この世の価値観よりはるかに重い普遍的価値観であることを示さなければならない。今のままでは宗教は「死んだ神」を奉るある種の文化に陥るだけになる。生きた宗教の復活はないのか。

世界が「神なき時代」に入った。それは人間が神を必要としない時代になったということなのだ。社会全体が、そしてそれは世界全体が普遍的な価値観、絶対善を放棄する時代を迎えたということである。西側の基本的価値観とは、自由、民主主義、人権尊重、法の支配、言論の自由であるという。だが、どう考えてみてもこのような価値観は西側諸国においても守られてきたものではない。西側の国において未だに達成できていない価値観の羅列である。例えば、アメリカで起こっていることは本当に民主主義のルールに基づいた国のあり方を示しているとどうして言えるのか。黒人差別の中で、虐殺がまかり通る不条理。アジア人が差別や偏見の中を暮らしている社会。貧しい人たちが叫ぶことさえ許さない抑圧の国。それがアメリカである。

歴代大統領を見ても、バイデンにはセクハラ問題で糾弾された時代があった。トランプに至っては、盗まれた選挙の票を取り返すと、議会に支持者をけしかけて死人も出る騒動に発展したが、未だにその責任が問われないままである。

人間の求める価値観は、それを主張する者の利益のを前提としている。だからそれらはすべてに共通するものではない。どのような時代にあっても、どんな状況下でも通用する普遍的価値観を私たちは求めないで良いのだろうか。

「人を殺してはならない」「汝の敵を愛せよ」の普遍的価値観を思い起こす時ではないのか。

3　天皇と戦争

戦争が始まって、ウクライナでは第二次世界大戦時のファシズムを象徴する動画を公開し、その中に、ヒトラー、ムッソリーニと並んで天皇裕仁の写真が掲げられていることを知った。日本では抗議が起こり、ウクライナ側が謝罪とともに削除したと伝えられた。

世界では、第二次世界大戦で国民を戦争に巻き込んだ独裁者として、ヒトラー、ムッソリーニそして日本の天皇がその一人として数えられている現実を改めて知らされた。

日本ではあの戦争の責任が曖昧で、終戦なのか敗戦なのかの論議を突き詰めることなく、戦争の加害者意識が希薄のまま、時が止まってしまっている。ロシア軍の侵攻を見て、誰でもロシアが仕掛けた戦争と考える。そして日本が起こした戦争も中国へ侵攻したのがきっかけであることは、誰もが知っている。

だが、そこから日本人は一歩も進めない状態が続いている。そこには守らなければならないものが厳然と存在しているからだ。それは天皇である。戦勝国のアメリカが天皇の戦争責任として手をつけられなかったのは、それによって日本国民の統治がより困難になると考えられたからである。

ウクライナでの戦争によって、世界は天皇をヒトラーやムッソリーニと並ぶ独裁者とみていることが明らかになった。ただ、この歴史認識を日本人は受け入れない。

ここで私が問うべきことは、天皇の戦争責任や独裁者であるか否かではなく、「現人神の天皇と戦争」についてである。かつて一五年戦争の時には、天皇は現人神と尊ばれて、国民の頭上に君臨し、国民を導いてきた。戦争の開始も終わりも天皇の言葉によって実施された。それは過去のことだけでなく、現在も天皇は教育にも強い影響を及ぼしている。

私の教員人生で天皇制との関わりは何度かある。一つは、川崎市の中学校特別支援学級担任をしていた時のことである。一九八九年一月七日昭和天皇が亡くなり、二月二四日大喪の礼が内閣主催で実施された。このとき、私は一教員であったがこの大喪の礼の扱いについて川崎市の教育長、教育委員長に対して意見書を提出した。そのことが私だけでなく管理職に何らかの処分があることを想定して、文書発送の前に教頭と校長に文書を見せて、反対意見を述べた。

反対意見の中心にあるものは、同じ人間であっても、神として死後もなお国民から尊ばれる天皇と、生きていても人として尊厳を否定される障害者が、同じ人間とされていない現実を訴えたのである。国民全体が喪に服するという状態は強制であり、人間の持つ自由権を侵害しているという憲法論議は持ち出さなかった。あくまで、障害者の視点から、大喪の礼の不平等さを述べたのである。管理職は二人とも文書の提出をしないようにと強く迫ったが、私は強制されないと断って文書を送付した。その結果は、何も起こらなかった。

次に私は校長時代に、「日の丸・君が代」をめぐって小さな抵抗をしてきた。いわゆる日の丸の掲揚と国歌の斉唱を教育現場で強制する「日の丸・君が代」問題である。政府は強制ではないと言いながらも、教育現場で国旗掲揚と国歌斉唱の実施を求めた。東京都と大阪府では違反者への処分も行なわれた。

神奈川県でも、教員の起立・斉唱を求め、違反する教員の名簿提出を校長に課した。腹をくった私は職員会議でこう言った。

「この学校は障害者の学校である。子どもたちの中には、重い障害や病気を抱えている者もいて、絶えず見守りが必要な状態にある。けいれんや発作に留意することが求められる。また、多動で落ち着きのない自閉症の子どももいて、教員が抱え込んで座るしかない場合もある。起立や斉唱よりもこの子どもたちの命の安全を最大限に守るのが学校なのだ。従って、この学校では起立や斉唱を校長として求めない。命の教育が最優先する。まして君が代は天皇賛美の歌である。全国民から尊ばれる天皇と、社会から差別や偏見で見られる障害者は、人間として対等なのだと言うことを示したい。教育委員会への報告は不起立者、斉唱しなかった者はなしとする」と。

教育委員会の処分は、口頭注意で終わった。これが東京や大阪であればこうはならなかったであろう。二校六年間にわたる校長の小さな抵抗は、根っこには「神以外のものに膝を屈めない」というキリスト教信仰があった。

長野県には「信濃教育会」と呼ばれる義務教育諸学校の教員を網羅する教育団体があり、長野全県を挙げての教育運動「信州教育」があり、「信濃教育」の刊行で知られ、今日まで続いている。

信州には他に誇るような産業もなく、人材育成を掲げた教育が古くから熱心に取り組まれていた。学制が実施され、国民皆学が叫ばれるようになると、信州の教育が一気に開花する。明治九年には就学率六三％と全国一位に達した。そして障害児教育も他県に先駆けて取り組まれた。当時の教育界では、障害児教育は社会貢献のできない」無駄な教育を施すものとして、教育論議すら起こらないところもあり、普通教育から見れば二流の教育であり、その道を選ぶ者は出世から外れた扱いがなされたという。実際に、ろう学校の校長職を任命された人は、親族一同から辞令を辞退し普通学校に戻るよう説得されたという。またある女性教員は結婚話が破談になった例もあった。

だが信濃教育には反骨精神が宿っている。内村鑑三が述べたように、「信州人には岩のように硬い骨を有した人がいる」。このような人たちが時の国の方針に対して、反旗を翻した例は数え切れない。「修身」の授業で国定教科書を使用せず、様々な文学書を用いて視学官の国定教科書を使用するようにの命令に逆らったこともある。信濃教育は、自由で子どもの個性を尊重し、愛情を注ぐ教育である。だが、いやだからこそ、信濃教育を「気分教育」と国からは揶揄されたこともある。

私自身、信濃教育を受けて育った人間であり、先達ほどのことはできなかったが小さな抵抗を試みてきた。私にとっては、「日の丸・君が代」問題は、「思想・信条の自由」という権利に関する憲法上の問題ではなく、かつて神とされて国民全体に君臨した天皇、そしてその対極として未だに差別や偏見のただ中にある障害者との人間として扱われ方に対する抗議であった。

4　戦争の犯罪者とは誰か

ウクライナでの戦争では、ロシアのプーチン大統領が戦争して犯罪人と批判されている。もちろん、ウクライナ侵攻を強行したのはプーチンであり、彼が戦争犯罪人と呼ばれるのは当然である。だが、それは現在に区切ったときに言いうることであって、過去には同様のことをして、戦争犯罪人の扱いを受けなかった例も多くあることを私たちは知っている。

かつてアメリカは九・一一の報復として二〇〇二年にアフガニスタンを攻撃、次いで二〇〇三年にイラク攻撃を行なった。イラクには大量破壊兵器があるとの情報のもとで行なわれた戦争は、結局大量破壊兵器は発見されず、フセイン政権を倒して、戦争は終結した。イラク側の死者五〇万人を出したこの戦争は、単なる報復を大義名分を掲げていたが、実際にはアメリカの独善の戦争であり、それは世界中を巻き込んだ大きな混乱を引き起こした。

プーチンが戦争犯罪人と呼ばれるなら、ブッシュは戦争犯罪人ではないのか。このブッシュの言い分に乗って戦争に加担した日本に戦争犯罪はないのか。どう考えても不正義である。戦争はどんな理由を付けようが、決して行なってはならないものである。これを普遍的原理と呼ぶなら、いかなる国やどのような人によって引き起こされる戦争も、すべて間違いなのだ。アメリカが行なう戦争は善であり、ロシアの戦争は悪なのか。

アフリカ諸国は、ロシアのウクライナ侵攻に複雑な思いを抱いている。ロシアの軍事的侵攻を批判するが、そのことは自分たちの国の歴史と響き合うものがあるからだ。アフリカ大陸は、当事者たちと無関係に西洋列国によって国境線が引かれ、切り裂かれてきた。このような歴史を持つアフリカ諸国は、今までも強国による国際法侵害を糾弾してきた。

西側諸国の自由主義、民主主義、法治国家、人権尊重が、現在のウクライナ侵攻に対してロシアの専制主義を批判することの矛盾を提示しているというのだ。欧米の基本的価値観は、かつて多くの国々を犠牲にしてきたことをまるでなかったかのように語られる。こんな道理が通りうるはずがない。

アメリカが中国の人権無視について語るとき、どうして自国の黒人差別やアジア人へのヘイトクライムの問題に口を閉じるのか。相手国の人権侵害を非難できる立場なのか。

戦争は国家対国家の争いに留まらず、国内においても矛盾をつくり出していく。ベトナム戦争ではアメリカの貧しい黒人が兵役に駆り出されて、若い黒人が大勢亡くなった。戦争から戻って、大学奨学金や生活保障が得られるために、死を覚悟して志願兵になったのは、貧しさから抜け出したいと願った黒人たちであった。戦争忌避者として兵役を免れたクリントンはやがてアメリカ大統領になる。多くの人の命の上に彼は立ったのだ。ウクライナの戦争では、スラブ人以外の若く貧しい民族の若者から多数の死者が出た。貧しさから逃れたいと願う若者が、本心では望まない戦争に加わり、銃を取って人を殺し、自分たちも死んでいく。戦争は常に最も弱い人たちを直撃する。

政治的指導者たちは、いつでも自国、自分の都合の良いように論理を主張する。どうしてそんなことができるのか。それは神をも畏れぬ所業であると思わないのか。

プーチンもブッシュもキリスト教信仰を持っているという。それはいかなる信仰なのか。キリストの「汝の敵を愛せよ」との言葉、キリストの徹底した遜りはどこにあるのか。

では、そもそもなぜ戦争が起こるのか。戦争は悲劇しか生まない。核戦争だけではなく、現在の戦争には勝者はいない。すべてが敗者になる。こんな自明なことがどうして理解されないのか。それは一言で言えば、「人間の愚かさ」であり、「人間の高ぶり」「人間の罪」なのだ。戦争を見れば、人間が如何に愚かな者かが見えてくる。戦争を行なうことは悪であると知りつつ行なうことは、障害者差別が悪であると知っていて行なうことと同じなのだ。頭では分かっている。しかし、現実にはそのようにはならない。障害者差別と戦争は、根っこで繋がっている。この点について、次章で詳しく述べる。

5　文化と戦争

最後に、私は今度の戦争から改めて学んだことを述べたい。ロシアが一方的に起こした侵略戦争を擁護することはない。しかし、だからと言ってロシアを蛇蝎のように忌み嫌うことにはなれない。なぜなら、私はロシア文化が私を作り上げたと思っているからだ。ロシアの哲学者N・ベルジャーエフは若い頃に最も傾倒した哲学者である。私は彼の翻訳をすべて読み、日本では手に入らない英訳の著書も買って読んだ。神学校では彼に焦点化した卒業論文を書いた。その他、ソロビヨフ、シェストフなども愛読した。文学で言えば、ドストエフスキーを筆頭に、トルストイ、ツルゲーネフ、ゴーリキーなども耽読したものだ。音楽ではチャイコフスキー、ショスタコーピッチ、ラフマニノフなどが、私を音楽という素晴らしい世界へ誘ってくれた。

人はいくつもの文化やその担い手である思想家、作家、音楽家に触れて深く傾倒し、その血肉を同化させて人間をつくっていく。人をつくるのは間違いなく文化である。様々な文化に触れて、その大思想家や作家たちの結実を命に吹き込んでいくことで、人は人間になっていく。私にはロシア文化と同様、ドイツ文化がある。ドイツの哲学、神学、文学、音楽も、間違いなく私の骨肉を形成した文化である。どのような理由があろうとも、それらを簡単に切り捨てることはできない。たとえ、ロシアが世界中から見捨てられようと、私にはそうできないものがある。それが文化の持つ力であり、意味である。プーチンは嫌いでも、ドストエフスキーやベルジャーエフを嫌いにはなれない。彼らは私の中に棲み着いているからだ。私の一部になっているからだ。

逆に言えば、文化が人をつくり、仲間や人間の連帯意識を高め、国の違いや民族、宗教などを超えた世界をつくり出す。このことを忘れてはならない。政治や経済が前面に出ている今の世界や社会の中でも、文化によって人間は一つになれるのではないか。一国や一民族を超えて、世界は一つになれるのは、そして戦争を止めるのは文化の力しかないのではないか。

戦争が終われば、その戦争について新しい文学や哲学、そして音楽が生まれる。ひとときの戦争よりもはるかに長く時代を超えた文化が紡ぎ出される。それが文化であり芸術ではないのか。

ウクライナでの戦争が始まって、私は再びベルジャーエフを読んだ。『わが生涯――哲学的自叙論の試み』（白水社、一九六一）と題された本である。私が一〇代から二〇代前半に何度も読み返した本は、付箋が貼られ、線が引かれ、至る所に書き込みがある。若き求道時代に出会った哲学者は、本書の中で自身の哲学者への道を書き連ねている。私はそれを読みながら、生きることの意味を探っていたのだ。キエフの貴族出身であり、その後帝政ロシアに二度、共産主義国家ロシアに二度追放され、最後はパリでその生涯を閉じるが、ノーベル文学賞候補に七度挙げられ世界的な大哲学者になったベルジャーエフは、まだ哲学の入り口に立ったばかりの私を魅了したのだ。繰り返し語られる主題が、様々な問題を巻き込んでらせん状に舞い上がっていく。それは論理と言うより、精神の深みからの表白である。私は見事にそのらせん状の渦に絡み取られたのだ。

一章で銀行の頭取になった友人が登場するが、彼はキルケゴールに魅了された人間であった。今から思えば、私と彼には共通と言えるものが存在した。それは自分たちの精神的な経験をどのようにして外に表出するのかという思いであった。ベルジャーエフもキルケゴールも、客観的な真理を求めたのではなく、それは哲学や論理の体系を望んだのではなく、魂の叫びが言葉となって表出される。それは、言わば哲学について語るではなく、哲学そのものを語ると表現する方が相応しい。

後に、私はK・バルトによってベルジャーエフを批判する卒業論文を書いたが、それは神学によって哲学を、それも実存主義哲学を乗り越える試みであった。私の人生の土台をつくってくれたベルジャーエフに再び出会わせてくれたのは、ウクライナ戦争であった。

8章　差別を本能的に好む人間

私は今まで障害者差別の背景にあるものを、教育に刷り込まれた優生思想があるを述べてきた。これだけ人権の尊重が重要と言われ、差別反対の声が上がっても、また法律によって障害者権利条約や差別解消法がつくられたが、障害差別が一向になくならないのはなぜなのか。そこには教育の根幹に障害者無用論、健常者中心の教育思想が、すなわち優生思想が根深く刷り込まれてきたことを本書で見てきた。

特に津久井やまゆり園事件は、障害者差別解消法が施行された二〇一六年四月からわずか四ヶ月後に起こった事件である。法律による社会の意識の高揚や関心惹起などが、全く効果がなかったことを物語っている。ここには、私たちが見てきたような、あるいは考えてきたような理想や理念では人は行動しないという現実が突きつけられている。どれ程、善とは何か、社会はどうあるべきかを論議しても、全くその道から外れてしまうことが世の中には堂々と通ってしまうことがあるのだ。

私は障害者差別は障害者を知らない、そしてほとんど関わりを持たなかったことの結果ではないのかと考え、障害理解教育の授業をしたりや障害者との触れ合いの場の設定を実践してきた。だが、障害者差別は悪いことで決して許されることではないと知っていても差別や排除をする、それが人間の姿ではないのか、人間とは悪だと知りつつそれを犯す愚かなものではないのかと考えるようになった。

人は理性や理想に依って生きるものではない。かつて共産主義の衰退は、人間が理想に生きられるほど強くはないことを知らされる証明していると語っていた評論家がいた。すべての人間が平等であることが目に見える形で現われること、そして誰しもが公平で差別的ではない扱いを受けること、また特定の人だけが特権的な地位に就くことのない社会、それが共産主義の目標であった。だがそのような普遍的な善であろうと、最良と思われる理想も、それを負って生きられるほど人は強くはない。自分の損得勘定が理性を破戒する。社会理念など手元に入るお金に比べたら天秤にかけるほどのものではない。

差別が悪であると知っていても、人は差別の道へと進む。そこには何があるのか。教育が人を変え、社会をよくすると信じられている。だが、差別は終わらない。人は自分が何をしているか、知らないで罪を犯す。その背景に何があるのだろうか。

1　パラリンピックは障害者差別を解消したのか

ロンドンパラリンピックは史上かつてないほどの大成功であったとよく言われる。多くの観客が障害のある人々の競技に感動し、障害や健常という違いを超えた一体感で満たされたという。その様子をテレビで見た私も、これほど盛り上がったパラリンピックは初めてだと感じた。

ところがロンドンパラリンピック大会の一年後に障害者団体千人を対象に行なわれた調査では、八一％が障害者への態度は変わらず、二二％はかえって悪くなったと答えたという。緊縮財政が続く中、「なぜ彼らばかりが優遇されるのか」という世論が影響したという。さらに障害者を「健康でない人」にしてしまう日本の「健常者」という言葉も分断を広げることになっていないか、という問いも提起されている。（『朝日新聞』二〇二一年九月一五日「多事奏論」岡崎明子）

障害者の活躍を映像に写し、多くの人が観客になるというパラリンピックは一九四八年イギリス・ストーク・マンデビル病院内で車椅子患者によるアーチェリー大会が開催され、これがパラリンピックの原点であるとされている。一九六〇年ローマで国際ストーク・マンデビル大会が開催され、後に第一回パラリンピックに位置づけられた。

今回の東京大会はコロナ禍で賛否が分かれる中で開催された。この大会の意義を識者はこう説明する。一つは障害のある人に対して、より肯定的な意識を持つようになったという点。二つ目は障害者スポーツの認知度が上がったという点、という。大会が終わり競技団体、選手、一般の人が何か新しいことに取り組むなどの変化が現れることに注目し、共生社会の実現へのきっか

けに期待、と述べている。（『朝日新聞』二〇二一年九月一九日、藤田紀昭）

だが、ロンドンパラリンピック後の状況を見ると、大会はその時は盛り上がるが、終わればすぐに忘れられ風化の対象になることが予想される。つまり、一人ひとりの心の奥まで届いて残り続けるものとなっていないことが分かる。何もせずとも平和で幸福感を感じられる時に、また逆に社会全体が大きな危機のただ中にあるときには、簡単に障害者のことは忘れ去られてしまう。そしてさらに差別や偏見が強化される。何かイベントを起こしてもっと理解啓発に励むという次元の話ではないのではないか。人は本質的に差別を好む生き物ではないのか。差別は間違いだと知りつつも、差別がたまらなく好きなのではないのか。だからどんなことがあっても、どれほど障害者差別は止めようといわれても、変えられないのではないのか。

2　違いよりも同じを認める

金子みすずの童謡の中でもよく知られたものがある。

私と小鳥と鈴と

私が両手を広げても
お空はちっとも飛べないが
飛べる小鳥は私のように
地面を速く走れない

私がからだをゆすっても　きれいな音は出ないけど
あの鳴る鈴は私のように　沢山の唄は知らないよ
鈴と小鳥とそれから私　みんなちがってみんないい

障害児者への差別を止めるキャンペーンとして利用された。教育の世界でも福祉の取組でも、一時期この文言が社会に溢れていたことを思い出す。趣旨は明白である。障害があろうとなかろうと、みんな違っていていいんだよとの呼びかけは、差別克服のために相応しい詩であると用いられてきた。教育委員会発行の自閉症の指導の手引きの表紙に、あるいは福祉施設の年間報告の冊子の裏表紙に、この詩が明記されていた。障害児者を理解して差別をなくそうという意図がそこにはある。

私は詩の素晴らしさを率直に認めるし、差別を乗り越えようとするの強い意志が感じられると思う。だが、多少の違和感がある。なぜ、違っていいというのか。なぜ同じだということを前面に出せないのかと。

それは「人の同じ」よりは「人の違い」の方が人には理解されやすいからだ。私たちが考える人間の身体、私たちが理解する行動や習性、私たちが感じる人間像と、障害者のそれは違っている。違うと感じるのは、私たちの心のどこかに人間とはこのようなものという定型が埋め込まれている。その定型が判断を下す。「この人は私とは違う」と。では何がそのような定型を私たちの中に埋め込んでいるのか。それは非定型に対する定型からの排除欲求である。

よく知られているように、乳幼児の「定型発達」は、それから逸脱する「非定型発達」を異常と診断する基準となる。これほど時代が進み、人の個性化や多様性が重要視されるに至った現在、なお非定型発達は異常であり、何らかの対応が求められることは変わらない。三歳児の言語発達を例に取れば、理解言語、表出言語、言語による関係性への意欲、語彙能力などの一般的基準が規定され、その基準に達しない場合には、非定形発達として支援の対象としてリストに載ることになる。

何度もくり返すが、発達の個性化、多様性が取り上げられる時代に、未だに基準に達しないと相談や支援の対象となっていく。それは後の早期発見・早期治療のための診断という。だが人の発達には様々な過程があり、三歳児で言葉が出なくても、その子の言語環境、特に親子や兄弟の家族環境などに大きく左右されるのは間違いない。支援や相談の目安が、いつの間にか「診断」によって、異常者のレッテルが貼られることはないのか。

かつて、私は教育相談の職に就いたことがあるが、その職場でのことである。「みんな違ってみんないい」の詩をめぐり議論が起こった。ある人はこの詩について、人の多様性が肯定的に受け取れる素晴らしい詩であると言った。ところがある人は、「違い」を強調するのではになく「同じ」をもっと前面に出すべきだと言った。違いの強調は同じの考え方を押しやるものであり、それが差別や排除を生むことに繋がらないかと。

人は一人ひとり全く違っている。身体も考え方も能力も感じ方も違う。違って当然なのだ。生まれ落ちてから育った家庭環境や家族関係、文化的土台（向学心を喚起する環境か否か）などによって一人ひとり全く違った人間となっていく。一概に家庭環境、家族関係と言うが、そこに家系の遺伝性や健康状態、物事の考え方の習慣性なども含まれる。私自身について言えば、私には遺伝性の色覚障害があり、吃音もある。さらに幼少期の小児結核という病弱な体質があり、ずっと強い劣等感に苛まれてきた。

「みんな違ってみんないい」の言葉は、普通とは違っていても構わないという多様性の肯定であることは理解できるが、違いを有している人間からすれば、それでも普通と認めてやるよというあっち側の論理と感じるのだ。憐れみや同情は好意であっても時には受け入れられないものにもなる。だから障害などによってどんなに他の人との違いがあるように見えても、人の本質はみんな同じ人間ではないか。

最初から大きな輪の中で、どんな違いがあっても同じ人間の枠内にいることを強調すれば、違いが焦点化されることなく目立たないものになる。この詩はどうしても「違い」を目立つものにしてしまう。

違いと同じを詰めていけばこうなるのではないか。子どもたちをある基準で分けていく。男女別で半々になるが、体格や運動能力別、学習能力別ではどうなるのか。もっと細かく見ていくと障害や発達障害のある子とない子、心理的・社会性・性格的な問題や傾向を抱えた子ではどうなるのか。家庭問題では親の年間所得の差異や虐待の有無では。さらにもっと細かく見ていけば特に生きていく上で問題ないとされているが右利きと左利きでは。病気に罹りやすい子や自分の性に違和感を持つ者と持たない者では。このように、基準を細分化すれば結局、同類枠からはみ出して最後は一人ひとりが別々になる。要するにすべての人は他の人とは違うことになる。人は最終的には一人の人間ということになる。だから独りの人間の存在は尊いのだ。

このような違いによって分けることにどれだけの意味があるのか。違いを見つけることよりも「同じ」を認め会うことがどれほど大切なことなのかを知る必要がある。「違い」は差別や排除を生み、「同じ」は仲間意識や包みこみを刺激する。

私に強い影響を与えた脳性マヒの障害者運動家横田弘さんは、障害者差別する人に対して、「皆同じ人間ではないのか」と言った。「人間」で括れる枠がある。そこからはみ出す、あるいは追い出すことは間違いなのだ。

「みんな違ってみんないい」の言葉には、こっち側の人間があっち側の人間を相手に語っているニュアンスがある。少なくとも「いい」と認められた側からの発信が感じられる。インクルージョンは、「こっち側においで」というものではない。

私は議論の後者に賛成をして、この詩はこう書けばもっと分かるものになると言った。

「みんな同じ人間。違いなど気にするな。みんな一緒だよ。」

3　障害者差別の究極にあるもの

人はすべて壊れゆくもの、死すべきもの

差別はこちら側とあちら側に二分して、こちら側に来て欲しくない人たちの受け入れ拒否である。こっち側とは行ってみればカルガモが安心と安全を与えられた小さな池の中で暮らせる平安の場である。池をかき乱されたくないのだ。彼らは、こちら側に来るべき人間ではない。こちら側にいるべき価値がないとレッテルを貼られた人たちだから排除される。なぜなら私たちより劣ったもの、忌み嫌うものを持っているからだ。そして世間が彼らを嫌い、排除していることに敢えて異を唱えることをしない。そんなことをすれば、自分が世間から排除されることを知っているからだ。いじめの構造そのものである。排除の網は至るところに張りめぐらされている。

私は様々な差別の中で、障害者差別は他の差別とは本質的に異なった要因があると思っている。あらゆる差別の中には、差別する者の心に恐れが潜んでいる。例えば、民族や人種に対する差別。そこには日本人として彼らを受け入れる同質性がないという認識があり、よく知らない人たちと一緒に生きることへの抵抗感がある。ただ、その抵抗感は長く交われば外国人でも同じ人間、身近な市民、人類という大きな輪の中で捉えられるものとなり、差別はいつの間にか解消されてい

く。多様性が社会の中で認められていくならば、今はまだの状況であろうともいずれはなくなっていくことになるのではないか。

次に貧しい人たちへの差別。例えばホームレスの人たちに対する差別の根底にあるのは、「汚い、臭い、何をするのか分からない」という得体の知れない者に対する恐怖心がある。世に言う「不審者」の筆頭に上げられるのがホームレスである。要するになぜ人がホームレスになるのかは、理屈では理解できても、今ホームレスになっている彼らが何を考え何を行なうかの心情が全く分からないことから起こる恐れがある。不審者を怖がるのは、彼らがそこにいるだけで何かされるのではないかと不安になるからだ。それは特別に私たちに何か危害を加えるのではないかというような恐れではなく、いることだけでこちらが不安になる。それは彼らと自分たちが同じ生き方を共有していない、全く別の世界にいると思い込んでいるからだ。そして何より、自分があのような人たちにはなりたくないという思いがある。住むところもなく、食べ物にも欠いた生活は想像するだけで恐ろしい。それらが根底にあって私たちはホームレスを恐いと感じている。

しかし、これも彼らと知り合いになっていくと「何だ、普通のおじさんじゃん！」と感じるようになる。人なつこくいつも笑顔を絶やさない人もいる。話し好きでなかなか話が止まらない人もいる。お節介でこっちが困っているところとことん付き合って助けてくれる人もいる。一方でいつも上から目線で人を見下したような話し方をする人もいるし、意地悪なことをする人もいる。要するに普通の人たちなのだ。社会的に外に追い出されて生きるしかないホームレスという状況に置かれているだけなのだ。私たちの考える「枠」の外にいるから理解できないと思ってしまう。

それを私たちは、「恐い」と感じている。だが、これもホームレスの人たちへの理解が進めば、自ずと差別や偏見の目で見なくなってくる。川崎では、ホームレスの人たちの理解のために、人権教育のテーマで彼らを取り上げており、彼らとの交流も企画されている。インクルーシブ教育の一環である。これが続けばいずれホームレスの人たちへの差別・偏見は小さなものになるだろう。

問題なのは、障害者への差別・偏見である。障害者理解のための取組が様々な形で行なわれているが、いつも言われるのは、それは一時のものであって長続きしない中途半端に終わるもの、である。なぜ長く心の中に留まらないのか。つまり聞き流せるものになっているのか。重要なことであれば聞き流せにはできない。人の心に残らないのだ。ロンドンパラリンピックでも終了後は差別が増したと言われている。それはなぜなのか。

人は自分の生活が快適で楽しいものに溢れ人生を肯定するもので満たされていたいと望んでいる。そのために努力する。見るもの聞くもの感じるものが、心を浮き立たせるものであって欲しいと願う。そう考えて生きている。そのような人間にとって、障害者の存在はマイナスの者、負の存在と考えられるのだ。それをどう否定しようがおかしいと言おうがそのように思われていることを認めざるを得ない。それはなぜなのか。

私たち人間は沢山の恐れるものを抱えて生きている。病気、高齢化、貧困、失業、人間関係の崩壊、学力・仕事力の低下、心の病、幸福感や生き甲斐の喪失など。どの一つをとっても人生を破壊する爆弾となる。それらは確かに人生の苦難の要因であるが、しかしもっと小さな取るに足りないことで私たちは悩み苦しんでいる。日常生活に起こるどうでも良い小さなことに、私たちは心をすり減らすほど苦しんでいる。

「私は悩む。それゆえに私はある。これはデカルトの『我思う、ゆえに我あり』よりも正確でありまた深い。」

ベルジャーエフはこのように言う。もちろん、私たちは哲学者のように毎日ものを考えて生きているのではなく、穏やかな日常生活を願って生きている私たちの悩みは、ほんに取るに足りないものであろう。だが、小さな小さな悩みが魚の骨が喉に引っかかったように心の奥底に爪痕を刻み続ける。

私たちは、自分がどれほど小さな者、弱き者であるのかを様々な出会いの中で知らされる。その出会いとは、他者の言葉であったり、本の中の数行であったり、新聞記事のコラムであったり、そして最も多いのは自分自身の軽率な言動である。

私たちが自分の小ささ、弱さを実感するのは、人生の一大危機に遭遇したときの無力感というようなものではなく、実に平凡な日常生活に起こる出来事に絡んでいる。人に対して発した言葉が、思いがない結果をもたらす。そんなつもりではないと弁明しても、どこか思いやりに欠けていたり、高みから見下ろすような言い回しに、相手は反応するのだ。人は小さい、弱くて壊れやすい存在である。

だが、実はそれが本当に分かっているのかと問われると、自分の中の奢り高ぶりが再び鎌首を持ち上げる。いや、自分は一端の人間なのだ。人に批判されるような見下されるような者ではない、自分に対する批判など受けたくない。なぜなら、自分の方が正しいと常に思っているからだ。そこから差別へは一本道なのだ。自分の高さが人を見下す位置を作る。

人は完全ではない。誰しもそう思う。完全な者など一人もいない。そう思う自分がどうして差別をするのか。人の欠点や弱いところを突いていくのか。

差別は何度も言うように、こちら側に来て欲しくない人たちの受け入れ拒否である。こっち側にはカルガモが安心・安全を与えられた小さな池の中で暮らせる平安がある。その場をかき乱されたくないのだ。彼らは、こちら側に来るべき人間ではない。こちら側に留まるべき価値がない。だから排除されるのだ。なぜなら私たちより劣ったもの、忌み嫌うものを持っていると思っているからだ。

その忌み嫌うものの究極には、体や脳の衰え、そして死がある。弱さの究極的な形は死である。私たちの恐れの果てにあるものは「死に対する恐怖」ではないのか。「死にたくない」という思いが不安の根底に存在すしている。そんなことは哲学者が高邁な理屈を述べるまでもなく分かっていることである。差別の根底には恐怖が宿っている。差別することは、その対象者を自分から切り離すことである。この人（人たち）は自分のこっち側の領域に入ってきて欲しくないという思いや、そもそも自分とは関係ない、否、関係したくないという強い思いがある。それが差別には横たわっている。だから差別するものは、差別の対象を恐れている。恐いのだ。その人たちが自分の傍らにいて欲しくないのだ。だから外の枠の中に押し込めようとする。そして同時に自分がその枠の中に入れられたくないという意識が、さらに差別感を強くしていく。

死を恐れない者はいない。誰もいない。死は存在の否定であり、あらゆる感覚の喪失であり、すべての人からの絶対隔離である。この死を恐れない者はいない。死は能力の欠如、思考の停止、他者との関係性の不作為であり、完全な無である。あらゆる差別にはこの恐怖心が横たわっている。恐怖心が自分たちと異なる者を拒絶する。それが差別の根底にあるものではないのか。そして特別に障害者差別は、この死すべき者の面影を宿していることに対する恐怖が差別の心を作り上げているのではないか。誰もが自分は死すべき者と理解しているが、それを受け入れたくはない。私たちは自分の心を死から隔てようと試みながら全生涯を費やしていると語ったのはパスカルである。

私は年老いて身体機能も思考能力や生活していく力も徐々に失われつつある老いを感じるとき、「死」が自分の中に確実に存在していることを思わないではいられない。そして私はかつて特別支援学級や養護学校で見てきた障害のある子どもたちの思いを、この年になって初めて知るようになってきた。足が動かせない、言葉が出てこない。物が摑めない。あのときの子どもの見せた無力感や絶望感を私は今味わうことになりつつある。

私は壊れつつある。私は死に向かって進んでいる。それはどうやっても止められない。死は私の一部になっている。若い頃の死に対する思いとは全く違うものだ。私は幼くして小児結核を煩い、長くは生きられない人生と思って生きてきた。その意味では、多分他の人より死を見つめながら生きてきた。中学二年生の「将来の夢」と題する作文では、お寺の坊さんになることが自分の将来であると書き綴った。宗教に強い関心を持ち続けたのは死をいつも念頭に置いて生きてきたからであろう。私は仏教書も多く読み、神学書も読み漁り、神学校にも通ってキリスト教の牧師にもなった。死の意識が私をそのように駆り立てたのではないかと思う。

だが、年老いた今、死は確実に私の一部になってきている。そして私が指導してきた子どもたちの障害を思うとき、私の身体に同じものが見えるようになってきた。私は確実に障害者なのだ。かつては教師として子どもの障害を上から目線で見てきたが、今では彼らの仲間として自分を意識している。私は自分の壊れを、そして死を強く意識するようになった。

障害者は老いの姿を私たちに見せる。老いとは壊れつつある人の姿である。彼らはやがて自分もこうなることを最も分かりやすく示してくれる人たちなのだ。それも「やがて」という不確かな、そして願わくはずっと見えない先にあって欲しいという思いの中で、それを見ている。本当は見たくないものを、知りたくないのをはっきりと私たちに見せてくれる。死を拒否する人間には見たくない姿なのだ。

このようにして障害者差別は生まれてくる。

パラリンピックでどれだけの活躍を見せてくれても、むしろそれを知れば知るほど、死を通して彼らを見ていることになるのではないのか。率直に言って、障害者に自分に訪れる死を投影して見ていることはないだろうか。能力や身体の欠け、その究極にあるものは「死」である。彼らは私たちにやがて自らに訪れる「死」を思わせるものがないだろうか。だから差別し排除し、偏見を持ち続けるのではないのか。そこには死を遠ざけ、死を忌み嫌う自己がいる。

どれだけ障害者差別は間違っていると言っても、差別感情はなくならない。そこには、「人は壊れゆく者」「人は死すべき者」を受け入れない自分がいるからだ。死をまとった人間、障害者をそう見ることはないのか。それは自分自身の行く末であると分かるが故に、それを拒み続けているのではないか。

一章で述べたインクルージョンの説明を聞いた高齢婦人は、人は高齢になるのではなく障害者になることを理解し、障害者は自分と同じなのだと理解した。だから障害者を特別な人たちと思わないで自分の最も近き人として受け止めたのだ。

高齢者差別も現存している。認知症になり徘徊や物忘れ、家族すら識別できない状況になり、また身体が動かなくなり全面介護の状態になる。介護する者のなかに高齢者への忌避感を募らせる者がいる。老いや死の意味を考えない者がどうして介護施設の職員になれるだろうか。

私はキリスト者であり、牧師である。ある日の礼拝で初めての来会者があった。後日私の説教を聞いたその方から手紙が届いた。そこにはこう書かれていた。教会では死について語られることが多い。人が死ぬことは事実だが、人の死についてあまりに語られるともうそんな話は聞きたくなくなる、と。

死を語らない教会はない。人は死すべきものであるが、その死をどう理解するのかが教会の説教なのだ。人の死は神と共にある死であり、キリストの死と結びついた死なのだ。だが、普通の人は自分が死ぬことを受け入れない。高齢になって墓地の話を息子が切り出すと、怒鳴りつける親もいる。死には触れたくないのだ。人は死を避けて生きている。このことが障害者差別と結びついている。だから障害者差別はなくならない。

「死とは自由への祝いである」。これはプラトンの言葉であるが、死を幸福のものとして捉えている。「メメントモリ（死を忘れるな）」はトラピスト修道僧たちが互いの挨拶で用いた言葉であるが、「死を忘れるな」は「汝自身を知れ」の意である。自分が死に行くものであることから、生きる意味を見いだすように教えている。肉体からの魂の解放を喜びを持って待ち望む人たちである。そのような者になりなさいと教える。

旧約聖書九〇章にはこのような言葉が出てくる。

「我らにおのが日を数えることを教えて知恵の心を得しめたまえ」（詩編九〇章一二節）

この言葉は何より先ず、おのが日を数えることを教えなければならないことであるが、旧約聖書の人々がいかにそれに抵抗しているかを示している。自分たち人間の側では、死を遠ざけておのが日を、つまり死すべき時を数えることに対して拒絶し受け入れないのだ。

もちろん死のプラトン的理解は聖書の世界とは全く異なる。死の意味はキリストの死に繋がる死であることを、新約聖書は私たちに示している。（ユンゲル、一九七二）

死への畏れをキリスト者は行きつ戻りつしながらも、このように乗り越えていく。

人を超えたものを畏れる心の喪失

人はすべて壊れゆく者、死ぬべきものである。それは自分の上に起こること、否起こりつつあることなのだ。この事実から目を背けて生きるときに差別は起こる。

もう一点は、人は自分を超えた存在に対して畏れを抱かなくなったということである。単純に現代社会では特定の宗教を心の糧にして生きる信仰心が失われたということだけではない。人間を超えたものを心底畏れる、震え上がるという感情が極めて希薄になったということである。それは神であったり、仏であったり、自然であったり、宇宙であったりする。現代は無神論の時代、信仰心の喪失の時代と言ってもいい。

私たち人間は科学的な方法論を与えられ、科学に基づいた実証的な根拠のあるものを信ずるに価値のあるものと考えるようになった。科学によって宗教を捨て去ったと語る人は多い。だが、科学の示すものは、もののあり方であり、なぜそれがあるのかは問わない。

何があるのかを問うのは哲学であり宗教である。事柄のhowは示すがwhatは提示できない。それが科学である。私の体験を再度語る。私は幼少時に小児結核だったこともあり、長じて自分は長く生きられないだろうと思うようになった。そこから哲学や宗教への関心が芽生え、多くの本を読み教会にも通うことになった。だが、どうしても信仰を得ることはできなかった。二〇代のはじめ、私は教会で牧師と二人でK・バルトの「教会教義学」を原書で読む機会が与えられた。

私はバルトの言葉によって自分の問いの答えが見つかったと理解した。バルトはこのように語る。

デカルトは自己意識から引き出された「神観念」を直ちに我々の自己認識と世界認識の妥当性の根拠とした。デカルトの「コギト」は、神の独自の自己証言から出発したものではなく、我々自身の「精神の証言」から出発したものである。それ故、まさしくその理由によって我々が無の中にいるのではないことの確実性が、そこからは与えられない。むしろ、逆に創造者自身の証言が、被造物の存在と自己認識、世界意識を開示する。デカルトは創造者である神の啓示から出発するのではなく、人間における神の観念から出発するが故に、そこにはいかなる確実性もない。

（バルト、一九六一）

主体性こそが真理であるという実存主義哲学の洗礼を受けた私は、神を思考の対象として捉えようとしていた。理性によってものを考えるという近代的な思考に立っていた。だが、私が捉えようとした神はすでに私を捉えていることを知った。教会に通いはじめて八年目のことである。人間の対象にならないものがある。人間には知りようもないことがある。ただ畏れを抱くしかないこともある。そのことを知るべきできないのか。人間中心主義、理性的判断が届かない世界がある。

今日の混乱の基になっているのは、自己正義を掲げた人たちの混乱である。今日の倫理性の欠如は、自己を超えたものを畏れなくなった人間の傲慢さによるものである。自分がいつでも何かができると考える思い上がり、自分が常に正しいと考えるうぬぼれ、そして自分がいつも頂点にいたいという倨傲。

世間には、「マウンティング」と言う言葉がある。本来は動物が自分の優位性を表わすために相手に対して馬乗りになることを示すものであるが、人間関係で自分の優位性を思うことで、一方的に相手より優位であるとアピールする行為を指す言葉として理解されている。承認要求が強く、人に認めてもらいたいと何の根拠もなく相手を見下すことを示している。

宗教的な考え方では、造られた者が造る立場に置き換わることである。一言で言えば、人間が神になっているのだ。神になった人間は、人を統治し、やりたいように支配する。人を見下し排除しようとする。差別はそこから生じる。まさにマウンティングである。

戦争は、自分が神にならんとする奢り高ぶりのなせる業である。

問題は、いわゆる〈低いところ〉がとっくに〈高いところ〉になったのではないか。低いところにいる者の屈従が悪臭を放つ高慢になったのではないか。（バルト、一九六七）

人間の高慢

人間を超えた存在を認めなくなった者は、自らを神としてすべての高みに立つ者となった。キリストは徹底して人に仕える僕のかたちを取られたが、宗教を信じなくなった人間は、「神の死」を普通に受け止め、神を思わないで生きている。そして人に仕える心を忘れ去り、いつしか神のごとくに人を支配する者になろうとする。それが高慢の罪なのだ。高慢な者は容易に差別者となる。パスカルは言う、「我々は生まれつきの偏向を持っている。生まれつきの不正という。我々は生まれつきの不正者なのだ。なぜならすべてが自分に向かっているからだ。自分への偏向は戦争、政治、経済等におけるあらゆる無秩序の始まりである。それゆえに人の意思は腐敗している」、と。

神はいつでも人と共にいる。どんな隠れたところで罪を犯そうがすべてをご存じなのだ。それを忘れた者は、罪を繰り返す。知らなければ何をしてもいい。知られてもごまかしてすり抜ければいい。誰にも罰せられないから。本当にそうなのか。神の裁きはないのか。

私は大学教員の時に授業でよく同じ質問を受けた。私は差別やその解決策としてインクルーシブ教育の推進に携わり、神奈川県内で県民対象の講演会の講師や、私自身の実践として「障害理解教育」の授業に取り組んできた。また路上生活者支援で彼らをしばしば教会に泊めた。精神障害者やアルコール使用障害者の混乱した現場に泊まり込んで落ち着かせたことも数え切れない。苦しむ人たちと共に生きる教会を目指してきたのだ。

そのような私への質問は、「先生にも差別感情はあるか」であった。障害児教育四〇年、路上生活者支援三〇年を経験している私には差別感情は無いのだろうと予測した質問である。しかも養護学校設立時の地域の反対運動、そして路上生活者支援における地域住民からの嫌がらせの直接の当事者である。だから、人権問題に鋭敏な私には差別感情などは過去にあったとしてももはや克服されて雲散霧消しているのではないかと思っている質問である。だが私はきっぱりと昔も今も私には差別感情はあると答えている。それは残っているというものではなく、今も心に沸々と湧き起こるものだと正直に答える。インクルージョンを唱え、差別を否定する立場にある私自身の中に、紛れもなく差別する心が残っている。否、まだ残っているという表現は正確ではない。今も差別感情が心に染みつき、絶えず持ち上がる。それを申し訳ない、すまない、と思いながらもその差別の心と戦っている。

理屈では分かっている。だが教育の現場で様々な場面で私たちの心はむき出しにされる。障害の重い児童生徒の中に、「強度行動障害」の範疇に位置づけられた子どもたちがいる。その多くは自閉症の子どもたちである。一一の領域に分けられたカテゴリーには、自傷行為、他害行為、異食、多動など一対一の指導にも手に余る事例がある。あるとき部屋の壁を頭突きでひび割れさせる児童に出会った。顔面血だるまになっている。すぐに壁から引き離すにも一人での対応は難しい児童である。あるときは全裸で体中にうんちを塗りつけて叫び回っている子どもに出会った。私のゼミ生が教育実習の実習生として特別支援学校に二週間通った後、私に両腕を見せた。引っ掻いた生傷が至る所にある。彼女はそれに耐えたのだ。

そのような子どもを見たとき、私の心に彼らへの憐れみが起こる。だがそこで終わらない。どこかで自分がそのようでなくて良かったという優越感がにじみ出てくる。その子と離れた場所に自分を置き、いつの間にか比較して、そうでなくて良かったと思う自分がいる。それは紛れもなく、上から目線の差別なのだ。

強度行動障害は、幼少時の指導の不適切さが生じさせると言われている。そのままにしておいては本人も周りも危険極まりない。それで不適切な行動を押さえるための抑圧的な指導や体罰が行なわれ、内に籠もったものが外に向かう。それが強度行動障害である。理屈で分かっていても、直接自分に向かってなされると率直に言って恐い。許しの心は狭くなる。そこに教師の心を忘れ、差別の心が持ち上げる。この子は嫌だと思う心が生まれてくる。心のどこかにこんな奴は嫌だ、関わりたくないという思いが登ってくる。

その時に私は自分が差別者だと自覚する。プロでありながらその一瞬に受け入れを躊躇し、自分がこんな奴でなくて良かったと思い上がる差別感情が起きる。差別する他人に対して怒りの声を上げるが、実は自分も全く同じなのだ。自分の正義を声高に主張などできないものなのだ。

盲学校の校長をしていたとき、中途失明者の入学試験の面接に立ち会ったことがある。中年にさしかかったと思われる人が入学の動機を語った。その語り方が異様に感じられた。端的に言えば、「つっぱり」なのだ。すねて高飛車な物言い、こんな学校に来たくはないとまで言う始末。面接が終わって一同が強い不快感を抱いたが、ある教師が吐き捨てるようにこう言った。好き勝手に生きてきて、その結果失明になっている。そのことが分からなければ入学しても続かないと。失明の障害者を前にそこまで言うかと思ったが、その教員は正論を述べたのであろう。ここまでたどり着くには、やりたい放題をしてきたのだ。いい年をして茶髪で突っ張る受験生が、今まで酒を飲み過ぎて糖尿病になり、失明する。その後を考えて立ち直りのために盲学校を選ぶというパターンはしばしばあるという。私はそれを聞いて、障害者への同情などいらぬお世話かと思った。一瞬、私はこんな人を受け入れるべきではないと判断した。だが、教員たちが入学させて社会自立をさせたいと申し出てきた。私は自分を恥じた。目の前の出来事だけで判断したのだ。彼を「こんな奴」と見下げた自分を恥じたのだ。酒を飲み続けるに至るまでに、どれだけの苦しみがあったのかを考えなかった。彼は入学が許可され、少しずつ学校に馴染んでいき、マッサージ師の資格を取って社会自立をした。そこに至まで教員たちの支援がどれだけのものがあったのかを思わずにはいられない。

私は学生たちに自分の中にある差別感情を自覚して、それを見つめながら生きることを促す。差別する人を糾弾するだけでは差別はなくならない。なぜなら誰の心にも差別感情があるのだから。そうだとすると私たちの生き方は差別する側、される側に二分して、相手を説得することではない。自分と同じ差別する弱い人間として受け入れることからはじめなければならない。年を取ったら高齢者ではなく障害者になることが理解できれば、同じ立場にある人と受け入れられるようになる。そのように理解した高齢の婦人の言葉は真実である。

私たち人間は誰もが障害者であり、誰もが差別者なのだ。壊れていびつになり、不完全で弱い私たちが、自分を見つめる時に、障害者とは誰なのかの問いに対して、私こそ障害者であると自覚する時が必ず来る。そして差別する者とは誰なのかの問いに対しして、私こそ差別者であると許しを請うときに、遜りの心が起こるのではないか。

大学の教え子たちは特別支援学校の教員となる。彼らが障害者を差別から守る立場にあるが、しばしば差別する側になることもある。それは人の持つ弱さであり、奢り高ぶりから起こるのだ。

そうならないために、目の前の子どもを我が子として考え、慈しむこと、そして自分の中に差別に陥る傲慢さをしっかり見つめて生きることを伝える。最後にすべての人間は障害者であり、自分もその一員なのであることも。

障害をどう考えるのか

障害とは何かについての現在の考え方は、障害と健常の間に境界線は引けず、むしろすべての人が障害者と考える時代になっている。かつては障害者と健常者を区別して、誤った障害者観をつくり、障害者を健常者に近づける教育がなされてきたが、今では障害のあるままで良しとする考え方に変わってきている。最後に聖書の創世記の物語に耳を傾けたいと思う。

神は人間を創造された。K・バルトによればこれには二つのことを意味している。一つは人間の創造とは、創造主である神に責任を負う存在として造られたことである。人間は神の契約の相手として創造され、神への応答が求められている存在だということである。二つ目は神との契約関係に生きるとは、他の人間関係においても出会いを通した存在として他者に責任を負うものだということである。こうして人間に備わる人間性とは、その本性からして「連帯的人間性」ということになる。

創世記二章には、「人が独りでいるのは良くない。彼に合う助け手を造ろう」の「助け手」とは、彼に差し向かう助け手の意であり、この「差し向かい」こそが、「神の似姿」であるとバルトは述べる。私たち人間は、向かい合う存在であること、この神に差し向かって造られた者は、同時に隣人として造られた女とも差し向かう存在である。男と女の創造は、ただ単に異性として支え合うことを意味するだけでなく、隣人に向かい合う者として造られ、他者を肯定し、他者を励ます者でもある。

今日言われる「共生的人間」とは、お互いを理解し合い助け合い、支え合う人間存在を示している。しかし、キリスト教では、単に助け合う存在だけでなく、お互いが差し向かう存在であると言われている。人間的な地平での支え合いではなく、神と差し向かう存在であることが、その前にそして基礎に置かれている。この垂直的な関係性が、人間社会の「共生的な人間像」に深くくさびを打ち込んでいる。（バルト、一九八四）

人間は孤独な存在ではない。神の契約相手としての人間は、神の呼びかけに応答する者として造られている。同時に、隣人に対しても応答を求められている。神は人を求められる。人はその求めに応ずるように造られている。だが、人は独りの人間として生まれてきたのではない。二人で独りの人間として生まれてきたのだ。

私は障害者との関わりの中で、「二人で一人の人間」という在り方を身をもって学んできた。障害者は私のパートナーであり、私のベターハーフなのだ。

ある出会いについて述べたい。自閉症のある知的障害の男性は、三〇年ほど前に洗礼を受けて教会の信徒になった。養護学校高等部を卒業して地域作業所に通い、日曜日に教会にやってくる。「A－1」の療育手帳を持ち、指示の理解はある程度できるが、言葉を自分から発することはない。読み書きはほとんどできないが、讃美歌を一節ずつ読み上げると声に出して謳うことができる。そのことが分かった時点で、私は彼の讃美歌指導をすることにした。否、共に歌うことである。音階は取れないので、奇妙な歌声に聞こえるが、彼の心からの讃美歌なのだ。

だが、私が歌詞をリードするために私自身は全く歌うことができない。しかし、私はそのことの中に神の創造の意味を読み取った。神は二人で一人の人間をお造りになったのだと。彼は歌い手、私は読み手として二人で一人の役割を果たしている。助け合い支え合う者として人間をお造りになったのだ。ここに神の秘蹟がある。

重度障害者との関わりの中から「差し向かいで生きる」ということを学んだ。この子たちは言葉がない。しかし、意思を持っている。こうして欲しい、ああしたいとの思いは普通の子どもと同じなのだが、ただそれを伝える術がない。いや、あってもそれを聞き分ける人間がいなければ、発した意思は誰にも届かない。だが、養護学校の教員は言葉のない子どもたちの発するわずかな動きや顔の表情、時々上げる声やうめきなどから、その子の訴えを聞き取っていく。教師たちはそのこの目をじっと見つめて、様々な声かけや体への揺さぶりをかける。その反応を正確に読み取っていく。それは、障害児教育のプロの業なのだ。言葉も動きのない子どもたちとコミュニケーションを取る秘訣は、じっと目を合わせ、言葉がけへの反応を聞き続けることである。

言わば、沈黙の相手の心の奥底に自分の心を差し込んでいくことなのだ。その子の呼びかけを全身を持って応えていくことが、教員の最も重要なことなのだ。「心の差し向かい」がなければ、相手から聞き取ることはできない。それを可能にするのは、「教育とは畢竟祈りである」という格言である。かくあらせて欲しいは、自分を超えたものへの祈りそのものである。人間の限界を超えたものを求め訊ねる思いである。

神が人間を造られたのは、人間の神へ応答するためである。私はキリスト教神学の最も重要な秘義を障害者との関わり合いの中から学んだ。

4　障害者の信仰

私は障害のあるキリスト者を知っている。障害は普通忌み嫌うべきものと考えがちであるが、彼らは障害者で生まれてきたことを一様に感謝している。障害があったからこそ、神に出会えたこと、そして多くの人たちの支えが得られて生きてきたことを、感謝をもって語る。ある意味で、障害に付きまとう重さや暗さ、しんどさを突き抜けて、障害そのものを肯定的に開け止めている。どうしてそのようなことが起こるのか。そこに神の慈悲を見い出しているからなのか。

悲しみよ

水野源三

悲しみよ悲しみよ　本当にありがとう
お前が来なかったら　強くなかったら

私は今どうなったか
悲しみよ悲しみよ　お前が私を
この世にない大きな喜びと
変わらない平安がある
主イエス様のみもとに連れてきてくれたのだ

作者は小学校四年の頃、赤痢から発した高熱により脳性マヒとなった。以来四〇年間を寝たきりの重度のハンディがある。四肢機能不全、発語機能障害である彼は筆記も口述筆記も不可能である。母親が考案した文字盤を指でなぞってもらい、視線で文字を確認することで綴られたものである。

私は知っています

林　久美

私は身体が不自由です
でも私は知っています
神のお力でいつか自由になれることを
その日が来たら
私は大喜びすることでしょう

私は生まれてから一度も歩いたことがありません
でも私は知っています
父母兄弟の暖かい背中を
その背に負われてどこへでも行かれます

私はものを言えません
でも私は知っています
悪口やきつい言葉を言わないですむことを

私は知っています
かなしみや苦しみの中にも
よろこびやたのしみがあることを

その中で私は生きています

作者は誕生間もなく重度の脳性マヒとなり、三三歳で召天。遺稿と人々の追想を集めた文集「愛のきずなにささえられて〜林久美の生涯」より引用した。

Aさんは重い知的障害がある。両親が亡くなり、福祉施設に預けられ、養護学校に通学した。キリスト教主義の施設で育ち、そこで信仰が与えられた。卒業後叔母のいる地方の授産施設に入所したが適応できず、激しい自傷行為を繰り返した。愛の手帳A－1（神奈川県で最も重いクラス）でコミュニケーションも難しく、叔母の家から近い通所施設に通い、教会の礼拝にも出席できるようになった。体中を傷つけた自傷は止んで落ち着いた生活態度に変わっていった。教会に通って二五年、今では教会が生活の中心となって穏やかで笑顔を絶やさない。路上生活者や外国人との暖かな交流があり、Aさんの笑顔見たさに礼拝に出席する人たちもいるほどである。

礼拝は定まった形式で執り行われる。ある種のパターン化した行事は、障害のある人たちには受け入れられやすい。定まった礼拝次第、賛美歌や聖書朗読、祈禱など、これが終われば次はこれというように順番が固定している。式次第は視覚的にも分かりやすく、司会者や牧師の祈りや朗読なども聞き取る姿勢ができている。

「祈りは祈る姿勢から作られる」と言われている。形がしっかり固定されれば、そこから祈りや信仰が生まれる。

「礼拝の規則は、様々な動きに規則を与えて、あらゆる情念、あらゆる情動を鎮めるものだ」（アラン、一九八一）

人は信じるから祈るのではなく、祈ることで信じることも真実である。知的障害者に信仰はないと言い切る牧師や神父もいる。彼らに障害者の信仰が見えていないのは、そのひとにも神の愛が豊かに注がれていることを理解しないからである。神の愛はすべての人に等しく注がれている。

下の絵は、Aさんが通所している施設の機関誌の表紙を飾ったものである。受付に立つのは牧師であり、道に並ぶ路上生活者に声をかけて迎え入れる。神が教会に招いていることをAさんは知っている。自分の友達、仲間なのだ。この場に集う者は等しく神の御手に支えられている。

障害の問題を信仰の問題と絡めて語ることについての違和感はあるかも知れない。だが、どうしても理屈で割り切れないところを心の問題（信仰）に踏み込んでいくこともあるのではないかと考えるのは、実際に重い障害のある人たちが信仰を杖に人生を歩む姿に多く出会うからである。

ある重度身体障害者はこのように語る。

「健全者は障害者の不自由さを知らないので、『たとえ身体は不自由でも心の持ち方で健全者より幸福になれる』と言う人もいるが、それは屁理屈だけの言葉で怒りを感じる。我々の不自由さは理屈や心の持ち方で解決することはない」と。

Aさんの絵

だが怒りだけの人生は寂しい。障害もまた神の支えの下にあると理解することで苦しみや怒りも寂しさも受け入れることができるのではないか。宗教はアヘンではない。障害を含め、みんなで助け合って生きる支えの力なのだ。

ある高齢の牧師はこのように語った。「私たちが年老いて身体が全く不自由となり、声を失い人との交流が断たれ、聖書を読んだり聞いたりできなくなり、その結果何一つ望むことができなくなったとしても、神への祈りを無言で捧げることはできる。否、祈りの言葉すら頭に思い浮かばなくなっても、神は無言の祈りを聞きたもう、また祈る姿勢の前に立たれ、祈りの姿勢すら消え失せた者を抱え込む、それだけで十分ではないか」と。

私を造られた神によって与えられた命と身体を、そしてこの命と身体で生きてきた人生を感謝をもって神にお返しする。それが私たち人間の勤めなのだ。自分で生きたのではなく、神によって生かされたのだ。神の御許に還る、それが「死」なのだ。「死」もまた間違いなく神の御手の中にある恵みなのだ。

私はインクルージョンの洗礼を受けて様々な取組を行なってきた。差別する人たちを糾弾し叩いたことも数知れない。だがこれからは、内なる差別感を見つめて、インクルージョンの種まきを続ける使命を感じながら生きる人生へと舳先を変えよう。まだ私に残されていることはたくさんある。障害理解教育の授業を教師となった教え子たちと取り組むこと、特別支援学校校長たちが地域の学校で障害のある子どもたちの理解と受け入れを根気強く推し進めることを応援すること、教会のホームレス支援活動をすべての教会が実践できるように支援すること、そして知的障害者を大学の学生として受け入れること、何より弱く欠けの多い人間が手を携えて苦しむ人たちの支えになる道を切り開くことである。

インクルージョンへの道を行く荷馬車は、様々な困難を乗り越えて約束の地に着く。生きている間に到着することはないかも知れない。だがこれからも荷馬車の後ろを残った力で押し続けたいと願う。

最後に私はホロコーストの証言者であり、その貴重で悲劇的な体験を世に伝えて生きることとの意味や社会の在り方について発言を続けたエリ・ヴーゼルの言葉で本書を締めくくりたい。彼はこう述べる。

人間が直面する諸問題に対する打開策があるとするなら、そこでは教育が中心的役割を担わなければならないのです。学習が私を救ったことは間違いありません。私たちみんなを救ってくれるものだと確信しています。

おわりに

数年前、私はあるところでこのような質問を受けました。

「これだけ差別反対の声が上がっているのに、差別が一向になくならないのは、人は差別するのが好きだからなくならないのではないか」

その時に私が何と答えたかは覚えていませんが、その質問はずっと心に残っていました。もう一点記憶に残っていることは、新設養護学校の立ち上げの時に、近隣住民を対象にした学校説明会を行ない、新設校の理念やその中心的理念「インクルージョン」について説明をしたときです。私はインクルージョンの説明で、「人は年を取ったら高齢者になるのではなく、障害者になる」と話し、いずれは誰もが障害者になることを話しました。障害者は誰か他の人ではなく、自分自身のことだと伝えたかったからです。その時、参加者の中の高齢の婦人が立ち上がってこう言いました。「近くに障害者の学校ができることに不安を感じていましたが、今の説明でいずれ私も障害者になるという話を聞いて、障害者は特別な人ではないことに気づきました。障害者の学校を怖がっていましたが、自分もその仲間と分かれば恐くはありません」と。

障害者は特別な人と考えるのではなく、普通の人、そして私自身であることの意味を考えて、差別について何冊か本を書いてきたり、講演をしてきました。人間の本性が差別を好むという考えを探りながら、どうしたら差別がなくなるのかと試行錯誤を繰り返して様々な活動をしてきました。本書は、「人間は本性が差別を好む生き物なのか」に対する一つの回答でもあります。

私は差別の現場を生きてきました。そして障害児教育の教師として生きてきました。そこで見聞きしたことは、差別を抜きには語れないものでした。障害者に対するいじめや偏見、排除などをどれ程目の当たりにしてきたか。それは障害児だけを対象としたものではありません。障害児学級や障害児学校（特別支援学級・特別支援学校）、そしてその教師たちに対するものも決して少なくはありませんでした。

私は公立学校の教師でしたが、最後の勤務は新設校の立ち上げでした。その時に経験した地域住民の新設校への反対運動は、今も忘れることはできません。第一回入学式の当日のことです。朝早くに学校に着いた私の目に留まったのは、校門前に大きな車が停車していて、通せんぼになっている情景でした。新設校のできる上がるこの日を待っていた子どもたち、保護者、そして教員が、どうしてこんなことがと息を飲みました。その時の保護者の涙を私は今でも鮮明に思い出します。

さらに開校後半の年で起こった事件。高等部の校外学習の最中に、障害の重い生徒が地域の若いお母さんの髪の毛を引っ張る行為に出たのです。急いで病院に送り届け、怪我はたいしたことはなかったのですが、保護者を初め地域の人たちの怒りは収らず、学校は四ヶ月間の校外学習の禁止という謹慎を取ることを余儀なくされました。「だからこんな学校が近くに来ることに反対したのだ」と語られた言葉が忘れられません。

しかし、私は四年間校長を務め、インクルーシブな地域にすることを目指して様々な取組をしてきました。退職時に当時の町内会長の言われた言葉は今も忘れられません。会長はこう言いました。「最初は障害者が大勢この地域にやってくることに警戒感を抱いたけれど、今は養護学校がここに来てくれて本当に良かった。優しい地域に変わった」と。私はその言葉でどれだけ救われたかを実感しました。

一方、私は教師をしながら、キリスト教会の伝道師・牧師をしてきました。川崎南部の教会では、路上生活者と共に生きる教会をつくってきました。路上生活者が毎年冬になると凍死者が何人も出る状況を目の当たりにして、支援活動をはじめました。週に一回食事や衣類などを配り、様々な相談にも応じてきました。

教会が路上生活者支援をはじめてすぐに、町内会から苦情が来るようになりました。町内に路上生活者が大勢やってくる。治安が心配だ、自由に安心して歩くことができなくなった、などの訴えです。

そうです。養護学校建設反対の人たちも同じ言葉を叫んだのです。ホームレスが地域に来ることを拒み、差別用語を使い、町内の枠から出て行くことを要求したのです。時には市会議員や警察官を伴って。現在でも、教会の玄関先に鳥の死骸やごみが散乱することがあります。

私は二つの差別事象の当事者として経験したことは、反対する人たちは無知であると言うことです。障害者とはどのような人たちかを知らず、ホームレスは社会に迷惑をかける人だという固定観念があります。知らないから恐い、だから自分たちの生活圏から追い出したいという思いになります。

しかし、長い取組の中で、養護学校の置かれた地域の町内会も教会のある地域の町内会も大きく変わってきました。養護学校のボランティア活動に積極的に参加する人たちも増えて、また教会の支援活動に賛同して、衣類や食料を持ってきてくれる人たちが大勢現われるようになったのです。

私は齢七五を超えて、教育の世界からも宗教の世界からも引退しました。病気が見つかり、路上生活者支援に取り組む体力も失われてきたからです。

私には、社会の中でどれだけ差別や排除が起ころうと、長い月日をかけた取組の成果は確実に現われることを、養護学校の地域社会に対するインクルーシブの活動や、教会の路上生活者支援活動が、地域の人たちに理解され、やがて支援されるという体験によって、知るようになりました。差別や排除に対する怒りはありますが、やがていつしか乗り越えられることを経験で学んだからです。

ただ、人は差別をし、嫌いな人たちを排除します。それは人間の本性が悪意と利己心に満ちているのか、あるいは人権や共生についての学びの欠如によるものなのか。前者とするならばそこに何があるのか。後者であるならば、それは子どもたちの教育の成果を待つことで期待が生まれます。

しかし、私は特に障害者への差別・排除を見てきて、これが簡単に乗り越えられる問題ではないと感じています。この点について、私は教育の中に刷り込まれた優生思想が私たちの心に棲み着いていることを思わざるを得ません。どのようにして、人は差別者になっていくか、それが本書では明らかになります。

それと同時に哲学や宗教的観点から、人が障害者を差別する原因を読み解いていきます。特に、現在の政治家たちのあまりの傍若無人ぶりに、好き放題をして誰からも咎められない（咎める人たちの思いが実現しない）状況を見ていると、神をも恐れぬ所業は、人間を超えるものを失った人間の奢り以外の何物でもないと思うからです。人間が自らを超えたものを畏れる思いを捨て去った現在は、人が神の立場になって好き勝手をしていると思われます。そのことが、障害者差別と結びついていると思われてなりません。

本書の前半では、教育の中の優生思想について多くの事例を引いて見ていきます。後半では、未だに残る優生思想の残滓を教育の力で払拭することができるかを探ります。

本書の七章では、「戦争と障害」についての記載があります。現在起こっているウクライナやガザ地区での戦争から構想が与えられたものです。戦争は究極の排除です。相手を抹殺するまで戦うことは、敵と味方をはっきりと分けることです。世界はとうとう行き着くところまで行ってしまったという感があります。人は分けられるものではないことを戦争は教えています。国家や民族、宗教、人種などで区切っても、人は一つの人類なのです。

こんな当然のことが私たちには分かっていないのです。戦争は人の奢り、高ぶりが引き起こします。障害者差別と同根なのです。一人ひとりが己の生き方をしっかり見つめることから、少しずつ前進が始まります。差別しないで生きられない人間は、戦争をも始めてしまうのです。「差別をしないことから戦争は終わる」と言ったら甘いと言われるでしょうか。しかし、私は本気でそう考えています。

鈴木文治

参考文献

青木悦『「人間」をさがす旅――横浜の「浮浪者」と少年たち』民衆社、一九八四年。

明橋大二『教えて、明橋先生！ 何かほかの子と違う？ HSCの育て方Q＆A』1万年堂出版、二〇一九年。

荒井裕樹『障害者差別を問いなおす』筑摩書房、二〇二〇年。

アラン、中村雄二郎訳『思索と行動のために――哲学概論』アラン著作集著作集第一巻白水社、一九八一年。

伊藤伸二『吃音者宣言――言友会運動十年』たいまつ社、一九七六年。

岩田正美『社会的排除』有斐閣、二〇〇八年。

内海聡『精神科は今日もやりたい放題』三五館、二〇一二年。

エーベルハルト・ユンゲル『死――その謎と秘義』新教出版、一九七二年。

エディス・シェファー、山田美明訳『アスペルガー医師とナチス――発達障害の一つの起源』光文社、二〇一九年。

エリ・バーガー『エリ・ヴィーゼルの教室から――世界と本と自分の読み方を学ぶ』白水社、二〇一九年。

NHK『その時歴史は動いた――石井筆子の生涯』（DVD）NHK、二〇〇六年。

岡田尊司『アスペルガー症候群』幻冬舎、二〇〇九年。

岡本智周／田中統治『共生と希望の教育学』筑波大学出版会、二〇一一年。

カール・バルト『キリスト教倫理Ⅱ』新教出版、一九八四年。

カール・バルト、吉村善夫訳『カール・バルト著作集　14ローマ書』新教出版、一九六七年。

カール・バルト『教会教義学Ⅲ　創造論』第三巻、東京創文社、一九六一年。

『神奈川の中の朝鮮』編集委員会『神奈川の中の朝鮮（歩いて知る朝鮮と日本の歴史シリーズ）』明石書店、一九九八年。

川上昌子『日本におけるホームレスの実態』学文社、二〇〇五年。

川端裕人『「色のふしぎ」と不思議な社会――2020年代の「色覚」原論』筑摩書房、二〇二〇年。

キーロン・スミス、臼井陽一郎監訳『ダウン症をめぐる政治――誰もが排除されない社会へ向けて』明石書店、二〇一八年。

小浜逸郎『「弱者」とはだれか』PHP研究書、一九九九年。

近藤昇監修『温もりのある社会を――野宿者とともに』（DVD）神奈川人権センター、二〇〇四年。

近藤雄生『吃音――伝えられないもどかしさ』新潮社、二〇一九年。

斎藤隆男『機会不均等』岩波文庫、二〇〇四年。

塩入隆『信州教育とキリスト教』キリスト新聞社、一九八二年。

清水一彦監修『講座日本の高校教育』学事出版、二〇〇八年。

清水貞夫『インクルーシブな社会をめざして』クリエイツかもがわ、二〇一〇年。

杉山登志郎『発達障害の子どもたち』講談社、二〇〇七年。

鈴木文治『なぜ悲劇は起こり続けるのか――共生への道なき道を開く』ぷねうま舎、二〇一九年。

鈴木文治『障害を抱きしめて――もう一つの生き方の原理インクルージョン』ぷねうま舎、二〇一八年。

鈴木文治『インクルーシブ神学への道――開かれた教会のために』新教出版、二〇一六年。

鈴木文治『ホームレス障害者――彼らを路上に追いやるもの』日本評論社、二〇一二年。

鈴木文治『排除する学校――特別支援学校の児童生徒の急増が意味するもの』明石書店、二〇一〇年。

鈴木文治『インクルージョンをめざす教育――学校と社会の変革を見すえて』明石書店、二〇〇六年。

鈴木文治『ウガンダに咲く花』コイノニア社、二〇〇九年。

鈴木文治『学校は変わる――切り捨てのない教育』青木書店、二〇〇一年。

ズビグニェフ・コトヴィチ、細澤仁／筒井亮太訳『R・D・レインと反精神医学』日本評論社、二〇二〇年。

高柳泰世『改訂版　つくられた障害「色盲」』朝日新聞出版、二〇一四年。

滝沢武人『イエスの現場――苦しみの共有』世界思想社、二〇〇六年。

橘木俊詔『格差社会』岩波書店、二〇〇六年。

デイヴィッド・ライト、大谷誠訳『ダウン症の歴史』明石書店、二〇一五年。

長野県特殊教育百年記念事業会『長野県特殊機養育百年史』信濃教育会出版、一九七九年。

中島義道『差別感情の哲学』講談社、二〇〇九年。

日本アビリティーズ協会『障害者差別解消法』発行同協会、二〇一五年。

日本精神神経学会監修『DSM5　精神疾患の分類と診断の手引』医学書院、二〇一四年。

ニコライ・ベルジャーエフ、波一富／重原淳郎訳『わが生涯――哲学的自叙論の試み』白水社、一九六一年。

ニルス・クリスティ、平松毅／寺澤比奈子訳『人が人を裁くとき――裁判員のための修復的司法入門』有信堂高文社、二〇〇六年。

ハーブ・カチンス、スチュワート・A・カーク『精神疾患はつくられれ――DSM診断の罠』日本評論社、二〇〇二年。

パスカル『パンセ』中央公論社、一九六六年。

パトリック・チェン、工藤万里江訳『ラディカル・ラブ――クィア神学入門』新教出版、二〇一四年。

蛭川幸成『落伍教師』中林出版、一九六七年。

ピーター・ミットラー、山口薫訳『インクルージョン教育への道』東京大学出版会、二〇〇二年。

ヒュー・G・ギャラファー、長瀬修訳『ナチスドイツと障害者「安楽死」計画』現代書館、一九九六年。

マルティン・ヘンゲル『古代教会における財産と富』教文館、一九八九年。

マルティン・ルター、福山四郎訳『大教理問答書』聖文舎、一九六七年。

文部科学省『日本の高校教育』文部省広報資料18、一九六一年。

ロナルド・D・レイン、天野衛訳『狂気の現象学――引き裂かれた自己』せりか書房、一九七一年。

ロナルド・D・レイン、中村保男訳『レインわが半生――精神医学への道』岩波書店、一九八六年。

湯浅誠『反貧困――「すべり台社会」からの脱出』岩波書店、二〇〇八年。

【著者紹介】

鈴木文治（すずき ふみはる）

1948年長野県飯田市生まれ。中央大学法学部法律学科及び立教大学文学部、キリスト教学科卒業。川崎市立中学校教諭、神奈川県教育委員会、神奈川県立盲学校長・県立養護学校長 田園調布学園大学教授、日本キリスト教団桜本教会牧師等を歴任。著書に『インクルージョンをめざす教育』（明石書店、2006）、『排除する学校』（明石書店、2010）、『ホームレス障害者』（日本評論社、2012）、『閉め出さない学校』（日本評論社、2015）、『インクルーシブ神学への道』（新教出版、2016）、『肢体不自由児者の合理的配慮に基づくインクルーシブ教育ってどんなこと』（全国心身障害児福祉財団）、『障害を抱きしめて』（ぷねうま舎、2018）、『なぜ悲劇は起こり続けるのか』（ぷねうま舎、2019）、『差別する宗教』（現代書館、2024）などがある。

人を分けることの不条理

教師・牧師として生きてきた私が考える差別と共生について

2024年9月30日　初版第1刷発行

著　者 ――― 鈴木文治
発行者 ――― 大江道雅
発行所 ――― 株式会社 明石書店
〒101-0021 東京都千代田区外神田 6-9-5
電話 03-5818-1171　FAX 03-5818-1174
振替 00100-7-24505
https://www.akashi.co.jp

装　丁 ――― 明石書店デザイン室
印刷／製本 ―― モリモト印刷株式会社

ISBN 978-4-7503-5822-2
（定価はカバーに表示してあります）